AF383709

UNE VUE D'ENSEMBLE

DE

LA QUESTION SOCIALE

LE PROBLÈME, LA MÉTHODE

PAR

Louis WUARIN

PROFESSEUR A L'UNIVERSITÉ DE GENÈVE
LAURÉAT DE L'INSTITUT (ACADÉMIE DES SCIENCES MORALES ET POLITIQUES)

PARIS

LIBRAIRIE DE LA SOCIÉTÉ DU RECUEIL GÉNÉRAL DES LOIS ET DES ARRÊTS
ET DU JOURNAL DU PALAIS
Ancienne Maison L. LAROSE et FORCEL
22, rue Soufflot, 22
L. LAROSE, Directeur de la Librairie

1896

UNE VUE D'ENSEMBLE

DE

LA QUESTION SOCIALE

IMPRIMERIE
CONTANT-LAGUERRE
LVX. VITAM
BAR LE-DUC

UNE VUE D'ENSEMBLE

DE

LA QUESTION SOCIALE

LE PROBLÈME, LA MÉTHODE

PAR

Louis WUARIN

PROFESSEUR A L'UNIVERSITÉ DE GENÈVE
LAURÉAT DE L'INSTITUT (ACADÉMIE DES SCIENCES MORALES ET POLITIQUES)

PARIS

LIBRAIRIE DE LA SOCIÉTÉ DU RECUEIL GÉNÉRAL DES LOIS ET DES ARRÊTS
ET DU JOURNAL DU PALAIS
Ancienne Maison L. LAROSE et FORCEL
22, *rue Soufflot*, 22
L. LAROSE, Directeur de la Librairie

1896

UNE VUE D'ENSEMBLE

DE

LA QUESTION SOCIALE.

AVANT-PROPOS.

Le problème en économie sociale, ou ce que nous appelons tout court la question sociale, préoccupe aujourd'hui bien des esprits et met en mouvement bien des plumes. Ouvrages systématiques ou de détail se complètent, se répètent ou se contredisent, et nous ne sommes pas au bout, car les matières abordées touchent aux suprêmes intérêts de l'humanité. Bien souvent la note excentrique, plus souvent encore le parti pris, caractérisent ces travaux; cependant il en est de remarquables, et les plus mauvais n'ont jamais laissé de nous apporter quelque instruction. Dans un domaine si vaste il y a toujours, en effet, cette chance que l'écrivain le plus inexpert rencontre parfois des sujets de prédilection sur lesquels il possède des connaissances ou des expériences particulières.

Deux côtés, cependant, nous paraissent avoir été trop négligés dans le bouillonnement de l'heure actuelle. C'est d'abord le point de vue d'ensemble, et on doit d'autant plus le regretter qu'en nul autre domaine ne s'accuse un plus impérieux besoin de s'élever à une hauteur assez grande pour pouvoir, de cette plate-forme, embrasser les éléments variés et complexes du débat.

C'est ensuite la méthode à suivre. Il faut à tout prix faire justice des opinions conventionnelles, des théories surannées, des querelles de mots qui ont tant empiété sur les études sérieuses, et aller au cœur même des choses par des chemins qui soient ceux de la science, et non de la fantaisie.

Nous avons cherché, dans la mesure de nos forces et sans nous dissimuler les difficultés de l'entreprise, à combler cette double lacune. Ceci n'est qu'un essai, quelques notes, quelques jalons. D'autres feront mieux.

Ce livre comprendra quatre parties :

1° L'historique de la question sociale ;

2° Ses facteurs ;

3° La méthode à appliquer à son étude ;

4° Les obstacles à vaincre.

Nous avons sur la plupart de nos devanciers un avantage qu'il nous sera permis de relever, attendu qu'il ne tient pas à notre personne. C'est celui de vivre en un pays où, grâce à diverses circonstances, et notamment à une pratique plusieurs fois séculaire de la démocratie, les discussions d'ordre politique, social et religieux présentent moins d'âpreté qu'ailleurs, où l'enrégimentation en camps hostiles et tranchés n'existe pour ainsi dire plus, et où il y a par conséquent quelque chance, pour celui qui écrit, d'émettre des opinions qui ne se sentent pas trop de la poussière ou de la fièvre du champ de bataille. Le petit pays que nous habitons est, en outre, une sorte d'observatoire avec des fenêtres donnant sur les principales nations du monde moderne, dont quelques-unes arrivent jusqu'à lui, diverses de langues, de races, de traditions, et représentant des types sociologiques fort accusés. Le milieu où un homme pense, où il agit, où il puise ses impressions, doit certainement compter autant que son individualité propre dans la genèse de ses idées. L'état d'esprit d'un homme n'est pas absolument sien; il est en partie le produit de l'atmosphère ambiante. Nous avons désiré, en ce qui nous concerne, reconnaître les services de ce collaborateur qui est tout le monde.

Genève, août 1895.

PREMIÈRE PARTIE.

HISTORIQUE DE LA QUESTION SOCIALE.

CHAPITRE I.

LE PROBLÈME.

Lorsque, dans les âges futurs, on écrira l'histoire de la vie intérieure des nations, on la verra se diviser en deux périodes répondant à ces deux appellations : question politique et question sociale. Et peut-être ajoutera-t-on que la fin du siècle dernier et le commencement de celui-ci ont formé la transition de l'une à l'autre dans les pays qui marchent aujourd'hui à la tête du monde civilisé.

La question politique, c'est le tragique débat engagé pour ainsi dire dès l'origine des sociétés entre les classes privilégiées, dépositaires du pouvoir, et les masses, pour l'exercice de la souveraineté. Qui est le maître dans l'État, qui doit gouverner ?

Un long intermède, sorte de parenthèse dans cette mémorable controverse, est fourni par la rivalité entre l'autorité civile et l'autorité religieuse ayant son siège à Rome, et remplit la fin du moyen âge.

Les papes prétendirent un jour, avec Hildebrand et

quelques-uns de ses successeurs, que le sort des empires était dans leur main. Selon une métaphore célèbre, inspirée par le premier chapitre de la Genèse, le chef de l'Église était le soleil; dès lors, le prince temporel ne pouvait être que la lune qui emprunte du soleil sa lumière, c'est-à-dire qu'il n'avait pas d'existence propre et tenait sa puissance du chef de l'Église.

Voilà la doctrine de la théocratie pontificale, et l'histoire du malheureux pèlerin de Canossa, Henri IV d'Allemagne, en révèle l'application. Mais ce triomphe de l'Église ne pouvait être et ne fut qu'éphémère. Des rois et des empereurs fort dévots, un saint Louis par exemple, se montrèrent jaloux de leur indépendance temporelle. Les prétentions de la papauté perdirent graduellement du terrain. Le pouvoir civil ne les souffrit plus. En revanche, elles continuèrent à être défendues dans toute leur ampleur par un certain nombre de théoriciens hautement encouragés par le principal intéressé, qui affirmait ainsi son dessein de rengager la lutte quand les circonstances s'y prêteraient.

Mais les temps meilleurs ne vinrent pas. Tout au contraire, la situation empira. La Réforme du xvi\ :sup:`e` siècle, dans laquelle le réveil du sentiment national tint une si grande place, porta un coup terrible au rêve de suprématie temporelle de l'Église. La politique ultramontaine, qui avait causé de si terribles convulsions, désorganisé tant de pays, fait couler tant de sang, passa alors, petit à petit — et il y a lieu de croire que c'est pour longtemps — du domaine des faits dans celui des curiosités historiques et doctrinales. A l'heure qu'il est, elle n'est pas abandonnée, car Rome ne se déjuge pas, et les gouvernements ont pu en arguer pour prendre à leur tour l'offensive contre la curie romaine, mais elle ne peut plus vaincre. Elle ne se soutient plus que par des arguments d'ordre extra-rationnel, et les apôtres de l'ultramontanisme, depuis Joseph de Maistre, son grand prophète moderne, jusqu'à nous, ne sont plus compris que par les esprits auxquels a été dispensée une illumination spéciale; et n'y participe pas qui veut, même dans le monde catholique. Ils ont donc plus ou moins l'air de revenants, de fantômes échappés du moyen âge.

L'Église éliminée de la lutte, le combat reprit entre les deux rivaux de tout à l'heure, qui, d'ailleurs, n'avaient pas désarmé : les classes dirigeantes et les masses populaires, les premières se montrant en général d'autant plus absolues et insolentes qu'elles se sentaient menacées dans leur monopole héréditaire, les secondes, fortes de leur nombre, prenant conscience de leurs droits et, de temps à autre, remportant déjà quelques avantages partiels.

Ces deux tendances battent leur plein au xviie siècle dans les plaidoyers contraires de Hobbes et de Locke, qui sont comme les deux voix du passé et de l'avenir, de l'absolutisme et du libéralisme en Angleterre. D'ailleurs, en ce pays, les batailles de la plume ne sont qu'un épisode au milieu d'autres mêlées plus retentissantes, plus tragiques, au sein du parlement, dans la rue, où hurle l'insurrection, et dans les champs où les armées se heurtent.

Les révolutions anglaises de 1648 et 1688 qui terrassèrent le despotisme, pour la première fois vaincu sur un grand théâtre, furent le signal d'une explosion ininterrompue qui va s'étendre, se généraliser, et dont la Révolution française, la plus effroyable de toutes les commotions du même genre, peut être considérée comme le terme.

Les circonstances dans lesquelles se fonde la souveraineté populaire varient bien souvent d'un pays à l'autre, mais le dessous des événements, la pensée profonde qui détermine le cours de l'histoire, est un phénomène identique. Un flot montant, irrésistible, élève partout la démocratie au pouvoir. Une heure sonne où elle s'y installe, et où les réactions expirent à ses pieds dans l'impuissance. Les aristocraties qui, jusque-là, au nom d'une sorte d'investiture surnaturelle, d'un droit divin héréditaire, avaient monopolisé l'État, ne réussissent à conserver certains privilèges qu'à la condition de les recevoir des mains du nouveau maître dont elles ne sont plus que les subordonnées. Et dès lors la question politique est résolue.

Cependant, quand nous disons que la question politique est réglée, il convient de nous entendre. La souveraineté populaire conquise, il reste à l'organiser d'une manière rationnelle, à perfectionner les institutions dont elle a besoin, à l'élargir de manière à y admettre les classes de participants tenues originairement à l'écart, et cela est une œuvre de longue haleine. Il faudra pour l'accomplir le travail des siècles, et encore ne sera-t-on jamais au bout. Mais ce ne sont là, après tout, que des questions secondaires, et l'on est en droit d'affirmer qu'il y a dans l'histoire une date précise où l'avènement de la démocratie est un fait accompli.

La question politique était à peine liquidée en ce qu'elle offre d'essentiel, que l'on a vu la question sociale se précipiter dans l'arène de la vie nationale, débarrassée désormais des conflits aigus qui l'avaient jusque-là remplie.

Ce n'est pas toutefois qu'elle date d'hier. Bien souvent, en effet, dans les luttes politiques elles-mêmes, il est aisé de reconnaître un effort vers une égalisation du bien-être. Il suffira de rappeler les guerres serviles à Rome, la guerre des paysans, à l'entrée des temps modernes et, à l'époque de la Révolution française, ces bandes dévastatrices qui livraient un dernier assaut à la féodalité avec ce cri de ralliement : « Guerre aux châteaux, paix aux chaumières ! »

Et comment ne pas penser aussi à tous ces plans de réorganisation sociale qui se mêlent aux spéculations de la pensée politique et qui, depuis le rêve communiste de Platon, se poursuivent dans l'*Utopie* de Thomas Morus et la *Cité du soleil* de Campanella, pour ne citer que les grands noms, jusqu'à Rousseau et à Babeuf, l'un à la veille, l'autre au milieu même de la formidable tempête qui fait succéder, en France, le règne de la souveraineté populaire à l'absolutisme de l'ancien régime?

Inutile d'insister sur les causes qui, depuis l'avènement général de la démocratie, ont accéléré le mouvement vers les réformes sociales : il suffit d'ouvrir les yeux pour les découvrir. Les masses populaires appelées de plus en plus à l'exercice du gouvernement et prépon dérantes par le nombre, durent tout naturellement songer à se servir du pouvoir qui leur avait été remis pour diminuer la distance qui les séparait des classes jouissant des avantages matériels.

Aussi bien le triomphe des revendications démocratiques avait-il contribué à faire germer et à populariser dans les esprits l'idée du progrès, c'est-à-dire d'un changement incessant vers le mieux. On sait tout ce que ce mot de progrès a de magique pour les hommes de notre génération, et c'est ce qui fait que nous avons quelque peine à nous figurer qu'il exprime une conviction récente. Mais c'est pourtant le cas, car, pendant longtemps, on conçut l'organisation des États comme l'expression d'un ordre providentiel et immuable. Qui d'ailleurs, sous le despotisme étendant partout plus ou moins son empire, se serait permis de discuter les institutions établies ? C'eût été traiter d'égal à égal avec un Louis XIV ou un Henri VIII. La notion du progrès social ne date guère que de Turgot, qui l'énonça avec une netteté frappante dans un de ses discours de prieur en Sorbonne. Et les événements qui suivirent, mieux que toutes les démonstrations philosophiques, devaient la faire entrer dans la conscience de notre âge. Après les immenses changements politiques qui marquèrent soit en Europe soit dans les naissants États-Unis la fin du dernier siècle, il n'était plus permis de douter du caractère transitoire, passager, successif des institutions. Et ce n'étaient pas seulement les appareils politiques qui étaient renouvelés de fond en comble; la méthode d'observation prenait possession des sciences, et sur les ruines des anciennes théories abandonnées elle élevait le nouvel édifice du savoir humain. Comment dès lors ne pas se laisser aller à espérer que la répartition de la richesse pût, elle aussi, se transformer, et que le jour approchait où la misère deviendrait plus rare ou même disparaîtrait, sous ses formes les plus repoussantes, du sein des nations modernes?

Mais il y a autre chose encore. Nous assistons dans tous les pays de grande industrie à des collisions redoutables entre les intérêts contraires ou si l'on veut antagonistes, car cette opposition ne saurait être considérée comme nécessaire. Le régime actuel du salariat paraît bien être dominé par la grande loi de l'offre et de la demande, mais cette loi n'opère que douloureusement.

Des grèves incessantes et redoutables se succèdent et, partout en lésant des intérêts sérieux, peuvent faire craindre des complications plus graves encore dans l'avenir. L'entrée du machinisme dans la grande industrie a eu aussi pour effet, d'abord par le désarroi qu'il a jeté dans les anciennes conditions du travail, et ensuite soit par l'extension qu'il a donnée aux entreprises poursuivies à l'aide d'énormes capitaux accumulés et qui emploient de véritables armées d'ouvriers, d'accentuer le caractère précaire et menaçant de la situation.

La question des relations entre les riches et les pauvres, entre le capital et le travail a donc fini par se poser avec une acuité particulière. Les hommes d'État ont dû l'aborder de front, pendant que les penseurs en faisaient l'objet de leurs méditations. Les âmes généreuses ont compris qu'il y avait un devoir pressant à s'en occuper et le christianisme qui, plus que toute autre doctrine religieuse, a mis l'accent sur la fraternité, dont le fondateur lançait à l'égoïsme des satisfaits ce foudroyant anathème : « Malheur à vous, riches !..... », devait développer cet essor de sympathie pour les victimes de souffrances qu'on ne saurait, à priori, déclarer irrémédiables. Mille systèmes de réforme sociale ont sollicité l'attention, et la vogue dont ont joui, à leur heure, les plus subversifs d'entre eux devait prédisposer à la recherche des solutions pacifiques.

C'en était assez pour arracher à leur somnolence les optimistes endurcis qui trouvaient commode d'accueillir par un haussement d'épaules les plaintes qui montaient dans l'air, et d'opposer une fin de non-recevoir à des revendications qu'ils ne se donnaient pas la peine d'examiner. Mais en admettant qu'il fallût quelque chose de plus pour vaincre leur résistance, ce dernier avertissement ne leur a pas été refusé. La question du riche et du pauvre, du capital et du travail a pris place dans les programmes électoraux, envahi la tribune politique et le forum, et servi, en différents pays, à constituer de nouveaux partis. Il a bien fallu s'en occuper, ne fût-ce que pour se défendre contre elle, et écarter les entreprises diverses proposées en son nom.

Telle est la genèse du problème social. Que penser de l'avenir qui lui est réservé ?

De ce que la question sociale et la question politique ont entre elles de nombreux points de contact, il ne s'ensuit pas qu'elles soient appelées à se résoudre de même, et nous avons à combattre un parallélisme qui ne peut engendrer que de fatales erreurs.

La question politique est un procès, une marche en avant qui conduit à une victoire décisive. L'ancien régime tombe, un nouveau régime lui succède. Une page de l'histoire du monde se tourne.

Il en va tout autrement de la question sociale, car, autant il est concevable que l'égalité politique vienne un jour à maturité, autant il l'est peu d'admettre, dans la marche de l'histoire, une crise, un point tournant où le millénaire du bonheur matériel commencerait. Parler ici d'un nouveau 89 supprimant la misère, c'est se bercer d'illusions et compter sur un miracle qui ne se fera pas.

Mais ce que nous pouvons cependant comprendre fort bien, c'est que l'on parle d'une société nouvelle, différente de la nôtre en ce qu'elle aura vu s'accomplir des réformes que l'on juge devoir contribuer, dans une mesure considérable, à l'apaisement des antagonismes actuels. Cette société régénérée, nous y croyons, quant à nous, et nous l'acclamons avec le poëte :

> Temps futurs, vision sublime !
> Les peuples sont hors de l'abîme,
> Le désert morne est traversé...

Toutefois les progrès que nous appelons de nos vœux, une fois réalisés, d'autres progrès, dans tous

les domaines, d'autres luttes contre les vices des institutions et contre le mal en l'homme, solliciteront un
nouveau déploiement d'énergie. Et cela sans fin, en
sorte que, dans la société de l'avenir, que nous pouvons
déjà saluer à distance comme la Terre promise, il restera encore une question sociale pendante : l'éternel
problème du progrès matériel et moral conduisant à un
bien-être plus complet.

On voit que, pour nous, au lieu d'une question sociale, il y en a une infinité, et que l'amélioration du
sort des déshérités sera la résultante du progrès de la
civilisation en général.

Mais ici on nous arrête et on nous dit : « Ce 89
que vous niez, il viendra, ou tout au moins il peut
venir. Supprimons, en tout ou en partie, la propriété
individuelle, et nous aurons réalisé une transformation
sans précédent dans la distribution de la richesse générale. »

Ainsi parlent les écoles révolutionnaires.

CHAPITRE II.

LES SOLUTIONS SUBVERSIVES.

Plusieurs écoles économiques dont les unes, quoique jeunes encore, sentent déjà leur vieux temps, tandis que les autres ne font guère que de naître, professent que l'organisation sociale actuelle crée, aux deux extrémités de l'échelle de la richesse, des privilégiés et des déshérités, pour ne pas dire des exploiteurs et des exploités. Elles soutiennent, en outre, que ce régime n'est susceptible que d'améliorations insuffisantes, de palliatifs, et qu'il n'y a de remède efficace à la situation que dans une mesure gouvernementale portant suppression, en totalité ou en partie seulement, de la propriété individuelle.

Nous avons affaire ici à ce socialisme appelé souvent révolutionnaire, mais que nous aimons mieux qualifier de subversif. Le mot de révolution s'applique surtout aux changements violents dans l'ordre politique. Or, il s'agit ici d'une transformation économique, et encore qu'elle suppose tout un bouleversement des institutions et des lois actuelles, un grand nombre de ses partisans se déclarent — et nous devons les croire — absolument éloignés de tout appel à la force, à la violence. Le grand branle-bas qui précèdera l'avènement du nouveau régime économique viendra à son heure, mais, à ce moment, assurent-ils, il s'accomplira sans peine. Ce ne sera que la dernière secousse jetant par terre un édifice déjà miné et vermoulu. Les esprits y seront préparés, s'y étant acheminés progressivement et pour ainsi dire à leur insu.

Le socialisme subversif est formé de différents groupes qui sont assez loin de s'entendre, sauf en ceci qu'ils condamnent le régime économique sous lequel nous vivons. Le plus important de tous, celui aussi qui présente le plus d'unité dans ses vues, professe le collectivisme. Cette conception a tenu le haut du pavé en cette dernière génération, et ses partisans en ont souvent parlé comme de la forme moderne et scientifique du communisme ancien, reconnu impraticable.

Historiquement, le collectivisme remonte à la formidable campagne menée dans ce dernier demi-siècle contre la société économique moderne par Karl Marx et Ferdinand Lassalle. Tout le monde connaît le célèbre ouvrage de Karl Marx : *Le Capital.* Le collectivisme est la conclusion logique de ce livre, et bien qu'il n'y soit pas exprimé avec la netteté d'une doctrine prête à entrer en lice, il s'y montre pourtant. Il s'y présente, dans le lointain, comme le résultat de l'évolution qui est en train de se faire et dans laquelle l' « infâme » capital devra périr.

« Le monopole du capital, y lisons-nous, deviendra enfin une entrave au mode de production qui a grandi et prospéré avec lui et sous ses auspices... Alors aura sonné le glas de la propriété capitaliste : les expropriateurs seront expropriés. »

Marx était le théoricien doctrinaire, aride, inflexible, Lassalle le vulgarisateur et l'agitateur, souple, opportuniste, admirablement doué pour sa mission de propagande. Tandis que le premier, cosmopolite d'instinct et d'ordinaire exilé, visait à une organisation universelle des travailleurs se soulevant contre le capital, et dont il réalisa le type dans l'Internationale, le second concentrait plus entièrement son effort sur l'Allemagne, et y jetait les fondements du parti devenu « la démocratie sociale. » Donner au peuple la puissance politique et, à cet effet, conquérir le suffrage universel, puis organiser avec le concours de l'État des associations coopératives de production, des institutions de crédit et des caisses d'assurance, faisant lentement, mais sûrement reculer le régime capitaliste, tel était son plan.

Un mot aidera à préciser la tendance de Lassalle : « La solution de la question sociale, déclarait-il, jamais je ne me suis servi de cette expression, parce que la transformation de la société sera l'œuvre des siècles et d'une série de mesures et de réformes qui sortiront organiquement les unes des autres : je n'ai préconisé la coopération que comme un moyen d'améliorer le sort de l'ouvrier. » Il entendait sans doute arriver à la révolution économique, mais par une patiente évolution pacifique et légale, et ceci explique la sympathie avec laquelle M. de Bismarck a parlé de lui.

Sa mort, survenue près de Genève, le 31 août 1864, à la suite du duel passionnel de Bossey, livra son parti à une prompte décomposition. Conduit par des chefs sans autorité, celui-ci ne tarda pas à être entraîné vers la gauche marxiste très habilement dirigée par des leaders tels que MM. Liebknecht et Bebel. La fusion des deux fractions, reconnue indispensable pour assurer aux voix socialistes leur influence dans les élections politiques, s'effectua en 1875, au congrès de Gotha. Dans le programme commun qui servit de base à la transaction, à côté des « moyens légaux » recommandés et propres à donner satisfaction au groupe lassallien, en répondant aux exigences de la lutte immédiate, on put lire la déclaration suivante qui était du marxisme le plus pur :

« L'émancipation du travail exige la transmission des moyens de travail à la société tout entière et l'organisation collective de l'ensemble du travail. »

Cependant, entre temps, le côté positif de la doctrine de Marx s'était peu à peu dessiné. César de Paepe, le socialiste belge bien connu, le développait dès 1868 et 1869 dans deux des congrès de l'Internationale et, après lui, en 1874, un éminent sociologiste allemand, M. Albert Schœffle, le fixait, on peut dire, dans son traité sur *la Quintessence du socialisme*, traduit en français par Benoît-Malon.

Aujourd'hui le collectivisme est un système complet, et Laveleye a pu dire qu'il était devenu le mot d'ordre du socialisme révolutionnaire de toute l'Europe. Bien que ses partisans prennent soin de déclarer que nous ne sommes pas encore mûrs pour ce régime, il vaut donc la peine de s'y arrêter. C'est un beau rêve dont nombre d'esprits se repaissent déjà, pour se consoler des souffrances du présent ou peut-être pour s'en aigrir davan-

tage. Si ce n'est qu'un rêve, il est bon de le savoir et de
le dire.

A défaut d'une étude approfondie qui nous est ici
impossible, nous présenterons quelques simples réflexions.

Rappelons d'abord la thèse du collectivisme :

Ce qui a donné naissance au prolétariat, ce qui engendre les crises ouvrières, ce qui entretient la misère
en permanence c'est, affirme-t-il, la possession à titre
privé, qui oppose le capital au travail, au lieu de les unir
harmoniquement, et déchaîne une concurrence effrénée
et anarchique.

La propriété individuelle, voilà donc la racine du mal.
Comment l'extirper ?

A cette fin, l'État fait main basse sur l'ensemble de la
richesse nationale quelle qu'elle soit : terre, maisons,
usines, ateliers, mines, banques, magasins, navires,
chemins de fer, machines, outils, sans en excepter l'or et
l'argent de chacun, qui d'ailleurs ne seront plus que
du métal, le numéraire allant être supprimé. Tout cela
retourne donc à la collectivité — d'où le nom de
collectivisme donné au nouvel ordre de choses.

Il n'y a plus désormais qu'un seul et unique propriétaire, l'État, qui ayant en main tous les instruments de
la production devient ainsi le seul et unique chef d'entreprise. Il distribue alors l'ensemble du travail nécessaire
pour les besoins du pays, besoins divers, matériels et
intellectuels, entre tous les individus valides, qu'il rému-
nère, à proportion du service rendu, soit du temps
dépensé dans l'intérêt de tous, et cela au moyen de

bons de consommation permettant d'aller s'approvisionner dans ses dépôts. Ainsi réparti sur l'ensemble de la population, le travail ne pèse plus que d'un poids fort léger. Et du paupérisme, il ne reste plus qu'un triste souvenir.

Nous aurions, en premier lieu, à examiner les critiques sanglantes dirigées contre le régime économique existant.

Certes, le collectivisme a souvent raison dans le tableau qu'il trace des privations des classes populaires, mais est-il vrai que la « loi d'airain » des salaires, dont Lassalle s'est fait une arme si terrible, ne laisse au salarié que juste ce qui lui est nécessaire pour vivre, ou plutôt végéter, et pour se perpétuer? Est-il vrai qu'un « mystère d'iniquité » conspire contre le travailleur, qui ne serait en réalité rémunéré que pour quelques heures de sa besogne quotidienne, le reste de son temps lui étant pris sans compensation pour aller grossir la part léonine du capital? Deux grosses accusations qui demandent une courte réponse.

D'abord, il n'est point exact que le travailleur ne gagne, en général, que son entretien compté au plus juste, surtout s'il est célibataire, et quand pour appuyer cette manière de voir, on affirme encore que l'introduction des machines — laquelle, il est vrai, a causé une période de malaise souvent violent mais transitoire — a été fatale aux intérêts des classes laborieuses, on s'expose à être contredit, et par l'histoire et par la statistique.

Ce n'est pas nous qui trouverons que les salaires actuels, supputés en tenant compte des risques de chômages ou de maladies, ainsi que des charges de famille, sont de nature à fournir au personnel de l'usine et de l'atelier le degré d'aisance dont nous voudrions le voir jouir, mais il est incontestable cependant qu'ils suivent une marche ascendante, plus rapide que l'accroissement du prix des nécessités, et qu'il y a une marge de plus en plus forte entre le prix du travail et le coût strict de la vie matérielle. Et ce phénomène, on voudra bien le remarquer, n'est nulle part plus accentué qu'en Angleterre et aux États-Unis, les pays par excellence des machines de tout genre et de toutes dimensions.

Nous ne saurions apporter ici une démonstration minutieuse pour laquelle nous renvoyons aux ouvrages spéciaux, notamment au livre bien informé de M. P.-V. Beauregard, *Essai sur la théorie du salaire*. Mais nous citerons tout au moins la conclusion à laquelle arrive M. Charles Gide, dans ses *Principes d'économie politique*.

« La hausse graduelle des salaires, écrit-il, surtout depuis un demi-siècle, est un fait indiscutable. Des millions d'observations statistiques recueillies par tout pays permettent de conclure que les salaires agricoles ont doublé environ dans ce laps de temps et que les salaires industriels ont augmenté des deux tiers environ... »

Mais le taux des salaires n'est qu'un des côtés de la question ; il y a aussi à considérer parallèlement le prix de la vie. M. Gide poursuit en ces termes :

« Les produits alimentaires (viande, légumes, vin, beurre, etc.) ont augmenté de prix dans des proportions très considérables, plus que doublé ; le prix des loyers, plus encore peut-être, et ce sont là de très gros articles dans le budget de l'ouvrier ; mais d'autre part, le pain, qui constitue le plus gros article de ce budget, n'a pas sensiblement haussé de prix ; les articles manufacturés, tels que les vêtements, ont diminué dans des proportions considérables et divers autres articles, tels que transports, correspondance, instruction, ont diminué plus encore. »

Mais, laissant là une enquête dont nous ne pouvons qu'indiquer en gros le résultat, et invoquant l'expérience de chacun, nous demanderons s'il n'est pas de la dernière évidence que les classes laborieuses sont aujourd'hui, dans leur généralité, en état de s'accorder certaines jouissances, les unes saines et légitimes, les autres mauvaises, auxquelles elles ne pouvaient songer anciennement, et si elles ne fournissent pas aussi à l'épargne nationale des sommes grandissantes dont font foi les rapports annuels des caisses où celle-ci s'accumule, caisses qui n'existaient pas autrefois, ou avec lesquelles la population ouvrière n'avait, en tous cas, rien, ou pour ainsi dire rien à faire. Que l'on établisse ces rapprochements : ils sont instructifs et montreront clair comme le jour qu'il y a progrès, trop lent encore pour nos vœux, mais non recul. Le fait est d'ailleurs si partant que la célèbre loi d'airain en a reçu une forte atteinte. Il nous semble même que, comme certaines monnaies dépréciées, elle a été peu à peu retirée de la circulation.

Et quant à prétendre que l'ouvrier gagne en quelques heures le maigre salaire qui lui est payé et que le reste de son temps se trouve jeté en pâture à l'insatiable capi-

tal, ce qui constitue « le mystère d'iniquité », n'est-ce pas
là aussi une assertion singulièrement hasardée? Que l'on
prenne, par exemple, un petit patron, un ancien ouvrier
peut-être, qui s'est établi avec ses seules économies et
qui n'a besoin que d'un faible fonds de roulement. Quant
au bout de l'an il aura prélevé l'intérêt de son modeste
capital, est-il vrai que dans le boni disponible il sera
possible de discerner une somme considérable prélevée
sur le travail de ses employés? Il faut le créditer aussi
de son propre travail et des risques qu'il a fait courir à
son argent, toutes choses qui méritent un dédommagement. Sans doute, s'il ne tenait qu'à lui, il serait très
disposé en général à gagner de belles sommes sur les
bras qu'il occupe, et il le fait quelquefois, mais on oublie
la concurrence qui l'oblige à baisser le prix de ses marchandises et qui, bien souvent, ne lui laisse au bout de
l'exercice que juste l'encouragement nécessaire pour le
décider à continuer son exploitation. Heureux encore
quand il ne se trouve pas en déficit et obligé de fermer
boutique.

Au surplus, si le mystère d'iniquité dont on parle se
perpétue quelque part, il rencontre cependant des obstacles, et ces obstacles, ce sont les ouvriers qui les lui
créent. Ils se liguent pour la défense de leurs intérêts,
ils formulent des demandes, ils appuient leurs réclamations de la menace de grèves, cette épée de Damoclès
d'un emploi du reste très légitime, toujours suspendue
sur le capital.

Il est vrai que ceci c'est la guerre et que, si elle ne
réussit pas, ceux qui l'engagent en portent les doulou-

reuses conséquences. Aussi convient-il de n'user de ces procédés violents que dans les cas extrêmes. Mais le temps approche où, assagis par l'expérience, comprenant de mieux en mieux qu'ils ne sauraient obtenir l'impossible, qu'il y a certains faits brutaux contre lesquels il est plus facile de s'insurger que de réagir efficacement, les travailleurs n'y recourront qu'avec discernement.

Les journaux publiaient il y a quelque temps une nouvelle qui le montrera mieux que tous nos raisonnements. C'est la décision très ferme prise par la commission de la Caisse de réserve des ouvriers suisses : « Dès aujourd'hui, aucun secours ne sera accordé à aucune grève, la publication d'aucune demande de secours ou d'appui ne sera tolérée dans la presse ouvrière, si l'on n'a pas fait auparavant et assez à temps appel à l'intervention de la commission dans les négociations entre les parties. » Comment ne pas voir là un symptôme réjouissant? Et nous pouvons remarquer que c'est chez les peuples où l'association des travailleurs est le mieux organisée, particulièrement en Angleterre, que l'on veille avec le plus de soin à éviter les conflits inconsidérés. Les *trades unions* sont de moins en moins une machine de guerre et de plus en plus une puissance modératrice.

Plus rares, les campagnes contre le capital seront aussi plus décisives, et le travail tiendra de mieux en mieux la dragée haute à son ancien adversaire. L'iniquité signalée par les collectivistes et qui a souvent existé, nous ne le contestons aucunement, n'est donc pas un mal absolu, inévitable, tenant à la nature des choses ; nous la voyons perdre du terrain dans la proportion où les ouvriers entendent mieux leurs intérêts et l'art de les défendre.

Mais il est temps de considérer le collectivisme en lui-même et de se demander quels fruits il serait de nature à porter si jamais il réussissait à prendre pied quelque part.

Le collectivisme, est-il susceptible de marcher?

Ses partisans proclament sa supériorité sur l'ancien communisme « partageux ». Un tel système, affirment-ils, qui conservait la possession individuelle, au moins à dose infinitésimale, eût nécessité un éternel remaniement des biens, toujours en train de se détruire, quelque chose comme le jubilé des Hébreux. En outre, il perpétuait les principaux inconvénients du système capitaliste; s'il diminuait les grosses fortunes, il n'éliminait pas la pauvreté. Le collectivisme, c'est le communisme perfectionné.

Soit, mais ne nous laissons pas imposer par les mots. Examinons.

Nous nous demanderons d'abord ce que devient la famille dans cette conception et si, le jour où l'on aura livré toute la richesse à l'État, la tentation ne viendra pas de lui abandonner aussi les enfants. En effet, ce qui crée le foyer, ce n'est pas uniquement les liens de la chair et du sang : c'est aussi, et pour une large part, la solidarité des intérêts, le concours prêté par chacun à la prospérité du groupe. Les parents se préoccupent de l'avenir de leurs enfants, les enfants estiment avoir, de leur côté, des devoirs à remplir envers leurs parents et s'appliquent à les seconder. Cette coopération de pensées et d'efforts, fondée sur une affection réciproque, contribue, à son tour, à développer les sentiments élevés; elle préserve de l'égoïsme, des pensées mauvaises; elle achève de constituer cette première assise de la vie sociale qui se nomme la famille.

Du reste, les protagonistes du socialisme subversif, en France tout au moins, à ce que nous apprend M. Georges Renard, ne dissimulent guère leur pensée sur ce point. « La famille, écrit l'auteur des *Études sur la France contemporaine*, est profondément modifiée. Le mariage devient un contrat libre qui dure ou se rompt selon la volonté des conjoints. L'éducation et l'entretien des enfants sont à la charge de la communauté. » Nous voilà donc fixés.

Autre vice du système, qui touche de près à celui que nous venons de relever. La famille, qui est une école de vertu, n'est cela que parce qu'elle est une école de travail. Est-il bien sûr que, dans la société collectivisée, la production sera suffisante pour les besoins?

Dans son phalanstère, Fourier faisait intervenir les attractions passionnées : chacun remplissait sa tâche par goût, par plaisir. Ici, le travail n'est plus une joie, c'est un tribut exigé de chacun, mais si léger, si doux! Peut-être trois ou quatre heures par jour, c'est-à-dire à peu près trois fois moins qu'aujourd'hui, dans le monde où l'on travaille, ce qui permettrait de supposer qu'actuellement il n'y a guère que le tiers des personnes valides d'occupées.

Un auteur américain, M. Édouard Bellamy, dans un roman social beaucoup lu en ces dernières années, et qui a pour titre : *Un regard en arrière* (*Looking Backward*), renchérit encore sur cet optimisme. Décrivant le régime industriel dans l'État collectiviste en l'an 2000 : « Il comporte vingt-quatre années d'activité, écrit-il ; cela commence au moment où l'éducation est achevée, à vingt et un ans, et se termine à quarante-cinq. A partir de la quarante-cinquième année, le citoyen est libéré du travail ; il reste toutefois en disponibilité pour le cas où les circonstances, élevant la demande de travail, obligeraient de recourir à lui, et cela jusqu'à l'âge de cinquante-cinq ans ; mais en fait cette éventualité ne se présente pour ainsi dire jamais. Le 15 octobre de chaque année est ce qu'on appelle le Jour de la grande revue ; tous les jeunes gens parvenus à leur vingt et unième année sont enrôlés dans l'industrie et ceux qui, après vingt-quatre ans de service, ont atteint quarante-cinq ans, licenciés avec remerciements. C'est le grand jour chez nous, la base du calendrier, notre olympiade, sauf qu'elle est annuelle. »

Nous craignons que l'on ne doive rabattre beaucoup de ces riantes anticipations. On sait comment s'exécutent d'ordinaire les besognes dont la responsabilité, incombant à tout le monde, ne repose en fait sur personne, et la présence de surveillants officiels chargés d'entretenir l'activité dans les diverses branches de l'industrie, ne nous rassure qu'à demi.

Le gouvernement prendra les mesures nécessaires pour que chacun soit à son poste et remplisse sa tâche!... Voilà qui est bientôt dit. Mais le gouvernement peut-il tout ce qu'il veut? Composez-le, si vous voulez, des hommes les plus dignes. Mettons qu'il ne soit formé que de Solons et de Washingtons. N'importe, c'est à un gouvernement que vous demandez d'assurer la subsistance de toute une population pendant les 365 jours de l'année! Quelle folie!

Mais y songe-t-on? Et si l'autorité lui manque! Si les administrés, auxquels on aura promis monts et merveilles, sont mécontents de la vie qui leur est faite. Si, au lieu de dire : « C'est la faute du régime », ils disent : « C'est la faute des hommes qui nous mènent! » et renversent ces hommes, et passent de révolution en révolution! Et si, comme aux premiers jours, chacun se fait l'arbitre de son droit et assouvit ses besoins sans s'inquiéter de savoir si les autres ont le nécessaire! Et si les organes de l'État, par suite de quelque légère erreur dans le budget de la production et de la consommation se trouvent, un beau matin, n'avoir plus en dépôt de quoi entretenir tout le monde, que fera-t-on? Ira-t-on chez le voisin lui demander

> Quelque grain pour subsister
> Jusqu'à la saison nouvelle.

Mais le voisin pourra-t-il toujours rendre ce service? Et que lui offrira-t-on en retour? De l'argent? Il n'y en aura plus! Des marchandises? S'il ne se soucie pas de ce que vous en avez en excédent dans vos magasins!

. Supposons néanmoins que, malgré tous les obstacles, le collectivisme réussisse à s'établir. Voyez-vous le gouvernement disant à tel ou tel de ses administrés : « Mon ami, la profession que vous auriez voulu exercer est absolument au complet, prenez-en une autre. » Car c'est ainsi que les choses devront se passer. On assure, il est vrai, que l'équilibre entre les diverses branches de l'activité humaine s'établira sans difficulté, qu'il suffira, pour détourner des carrières trop courues, d'y augmenter la longueur de la journée, de même que, pour favoriser le recrutement de celles qui sont délaissées, ce sera assez de les mettre au bénéfice de journées plus courtes. Nous avons trop de commis, d'employés de bureau : une heure, deux heures de travail quotidien de plus ; les volontaires manquent pour descendre dans les mines, labourer les champs, balayer les rues : une heure, deux heures de moins. Mais si le résultat cherché par ce moyen n'est pas obtenu ! Et il ne le sera pas, car il est des occupations que tout individu laissera à d'autres, du moment qu'il ne sera pas forcé de les exercer et que tous auront des droits égaux à choisir le travail préféré. Que fera alors l'État? D'une manière ou d'une autre, par voie de concours, de tirage au sort ou par un choix arbitraire, il jugera des aptitudes de ses subordonnés et imposera d'office les tâches demeurées en souffrance.

Mais aura-t-il la force nécessaire pour exercer une pression si formidable, si odieuse? Et si, contre toute vraisemblance, cela lui était possible, que deviendrait alors la liberté individuelle? Quel esclavage que celui que l'on rétablirait de la sorte, et valait-il la peine de faire des révolutions héroïques, sanglantes, saluées par un grand cri de délivrance, de renverser les bastilles du despotisme, de proclamer les droits de l'homme, pour arriver à un si piteux résultat! Charmante façon, il faut le reconnaître, de compléter l'œuvre de 89!

Ah! certes, le monde où nous sommes est loin d'être beau, mais celui qu'on nous propose à la place est tout simplement horrible. Le monde actuel est du moins perfectible, et, en fait, il semble qu'il devienne de plus en plus habitable : celui qui devrait lui succéder, étant contraire à tous les instincts naturels, ne saurait aller que de mal en pis.

Il ne serait viable que dans une seule hypothèse. Comme tout y pivote sur l'action de l'État, il suppose un gouvernement doué de perfections surhumaines, ayant toutes les lumières, toutes les vertus, et s'imposant à chacun sans contestation. Nous avons parlé de Solons et de Washingtons; ce n'est pas assez, il y faut des demi-dieux. Or, nous croyons bien ne pas nous tromper en affirmant que le collectivisme aura précisément pour effet de placer aux affaires ce qu'il y a de pire. Tout le monde voudra être gouvernement ou fonctionnaire du gouvernement, chargé de commander et de faire travailler le *vile pecus*. Jamais n'aura été vue exploitation plus éhontée des masses par le despotisme autoritaire d'une clique où les plus notables médiocrités viendront se grouper autour de quelques violents. Les Marat et les Robespierre étaient de petits saints à côté de ceux qui tiendront le sceptre en ces jours-là que, fort heureusement, nous ne verrons jamais, ni nous ni nos descendants. Quel degré de démence ne faudrait-il pas, en effet, pour s'embarquer, de gaieté de cœur, dans une telle aventure! On ne saute pas ainsi dans le vide.

Les collectivistes ont intérêt, apparemment, à ne pas s'embarrasser trop de l'étude du cœur humain. Ce n'est qu'à ce prix qu'ils peuvent continuer de construire leurs châteaux en Espagne et de cingler doucement vers les rivages d'Utopie.

Mais là où nous les trouvons singulièrement naïfs pour des hommes qui ne manquent pas d'intelligence, c'est quand ils s'imaginent que les gens qui possèdent se laisseront bénévolement dépouiller.

Ils conviennent bien qu'au bout de l'évolution préparatoire, il y aura une petite révolution, qu'il restera quelques récalcitrants à mater. C'est aussi notre avis; seulement, où nous nous séparons d'eux, c'est quand ils affirment que la masse de la population sera de leur côté. Ne conviennent-ils pas que la propriété se subdivise à l'infini, que la terre se morcelle, que le capital se fractionne? Ils sont frappés du développement des sociétés anonymes et ils acclament l'actionnariat comme préparant les voies à leurs idées. Nous acclamerons comme eux l'ère nouvelle qui s'ouvre, mais dans un autre sens. L'état normal qui partout tend à se généraliser, c'est que chacun possède peu ou prou, quelques titres, un livret de caisse d'épargne, un petit bout de champ ou une maisonnette, à défaut de mieux. Le magnifique développement des institutions de prévoyance et de mutualité n'affirme pas autre chose. Or, celui qui aura prélevé sur ses plaisirs, ses besoins ou son repos, à l'aide d'un travail opiniâtre, ne fût-ce que quelques centaines de francs, ne se les laissera pas enlever par ce personnage anonyme que vous appelez État, mais qu'il appèlera, lui, de termes plus précis, parmi lesquels celui de voleur semblera fort anodin.

Il n'est pas besoin d'être grand clerc pour voir à quels abîmes le collectivisme nous voudrait conduire. Mais si l'on désire un témoignage fondé sur une science économique de premier ordre et venant d'un homme qui ne saurait être suspect d'hostilité à cette doctrine, le voici.

Nous avons cité l'opuscule de M. Schæffle intitulé : *La Quintessence du socialisme*. Quand il parut, ce fut une joie débordante chez tous les élèves de Marx. La nouvelle Église avait son catéchisme, qu'elle n'a pas cessé, d'ailleurs, de faire réimprimer dans les principales langues. Mais voici que l'auteur de *La Quintessence*, après s'être laissé considérer pendant des années comme un converti, s'est pris tout à coup à s'étonner — mieux vaut tard que jamais — du rôle qu'on lui faisait jouer et de la façon dont ses paroles étaient interprétées. Dans une brochure parue en 1885, sous ce titre : *L'Impuissance (Aussichtslösigkeit) de la démocratie sociale*, il se posait en adversaire convaincu du socialisme niveleur que sa curiosité de savant l'avait seule, disait-il, porté à étudier, ainsi que des doctrines marxistes qui lui servent d'appui.

Nous aurions encore bien des réflexions à présenter

sur un sujet si riche. Plus qu'un mot. Il y a une petite
question de justice qu'il n'est pas permis de prétéri-
ter.

Les collectivistes nient la légitimité de la propriété.
Nous convenons bien que la richesse (entendue au sens
économique du terme, c'est-à-dire la propriété sous
toutes ses formes et à tous ses degrés) a eu et a souvent
encore des sources impures, qu'elle peut provenir, du
vol, de la ruse ou de la violence, du crime même. Au
surplus, tout cela est universellement reconnu, et l'appa·
reil de défense qui existe en tout pays, — la police et les
tribunaux, les lois et les Codes, sans oublier les prisons,
— est précisément destiné à prévenir ces abus. Mais
même en convenant que l'abus reste toujours possible,
il n'en est pas moins vrai que la propriété à titre privé
est le corollaire de ma liberté, c'est-à-dire de ma dignité
d'homme. Je travaille. Je reçois le prix de mes peines ;
je pourrais le dépenser, je le garde pour moi, ou je le
donne à qui bon me semble, ou je le laisse à mes enfants : qu'objecter à cela? Si je suis réellement mon
maître, si j'ai l'emploi de mes forces et de mes facultés,
comment me refuser de jouir de ce qui est comme l'é-
manation de mon être? Ce sont là de menus détails dont
le collectivisme aime mieux ne pas s'embarrasser. C'est
plus commode.

En conclusion, tout ce système est si hérissé d'impossibilités absolues, il fait un tel appel à la violence et,
après avoir peint le monde d'aujourd'hui sous des cou-
leurs si sombres, il voit celui de demain tellement en
rose, que nous avons peine à croire que ses adhérents

y aient sérieusement réfléchi. Ils savent, il est vrai, qu'à mettre les choses au mieux, plusieurs siècles, comme disait Lasalle, nous séparent encore de son avènement, et c'est là peut-être ce qui les enhardit à défier le sens commun.

***

Cependant, à côté du collectivisme proprement dit, il en est un autre partiel, mitigé : c'est la nationalisation du sol dont le célèbre socialiste américain, M. Henri George, s'est fait, il y a quelques années, l'éloquent champion dans son livre *Progrès et Misère* (*Progress and Proverty*).

Peut-être nous serions-nous contenté de signaler l'existence de cette doctrine, mais sans nous y arrêter, si, au moment même où elle disparaît tout à fait en Amérique et en Angleterre, son double berceau, elle n'obtenait plus près de nous, en Allemagne, en Belgique et en Suisse, un petit regain de vogue.

Une modeste revue a été fondée dernièrement en Allemagne pour sa défense. Nous ne sommes que trente, disait le premier numéro de cette publication, mais le Christ n'a-t-il pas conquis le monde avec douze apôtres ! Des économistes, des juristes, des philosophes parlent en sa faveur. Ils reconnaissent bien qu'ils doivent en faire presque entièrement leur deuil, mais, du moins, ils se dédommageront en soutenant la justice du principe. Ils expriment leurs regrets à son endroit, ils adjurent les pays neufs, en possession de terres vacantes,

de ne pas les livrer toutes, imprudemment, à la possession privée. « Il faudrait que dans chaque commune,
écrivait Émile de Laveleye, on réservât une portion
du territoire pour la répartir viagèrement entre toutes
les familles. »

« La terre est appropriée, s'écriait à son tour
Charles Secrétan, et de cette appropriation il résulte
qu'une partie notable de l'humanité se trouve dépouil-
lée. »

L'éminent publiciste partait de là pour justifier
les titres des déshérités à recevoir aide et appui de la
collectivité, sous la forme la plus appropriée à leurs
besoins et la plus respectueuse de leur dignité d'hommes.
Du moment, en effet, que certains membres de la
famille humaine ont été privés d'un bien qui leur ap-
partenait par le vœu de la nature, et qui ne saurait à
cette heure leur être restitué, les arrangements sociaux
existants ne pouvant être défaits sans aggraver la
somme des souffrances matérielles, et que, d'autre
part, le bien perdu est la terre, le premier instrument
du travail, la société est tenue de fournir une compensation équitable. Le philosophe de Lausanne avait
besoin de ce postulat : la terre patrimoine de tous, pour
légitimer en droit naturel quelques-unes des revendications des classes populaires, mais en réalité, on ne
saurait le faire figurer parmi les « nationalisateurs »
du sol, puisqu'il regardait l'application actuelle de cette
doctrine comme impraticable.

Nous ne saurions en ce moment, étudier la doctrine
du collectivisme agraire dans ses prémisses économiques

et philosophiques. Nous réservons le côté abstrait, spé-culatif de la question. Mais la thèse de la nationalisation du sol ayant été présentée comme le grand remède aux maux du corps social, nous avons à nous demander ce qu'il en faut penser, en tant que solution pratique.

Au début du peuplement d'une contrée, remarque M. George, la main-d'œuvre est grassement rémunérée et tout le monde prospère. Quelque temps s'écoule. La population s'est serrée, des routes et des chemins de fer sillonnent la région, des villes surgissent. Les salaires ont fléchi, et ils vont baisser encore. Or, paral-lèlement, la terre donnée à vil prix à ses premiers occu-pants, a monté de valeur et continuera de monter. La terre tire tout à elle. C'est elle qui est la cause véritable des souffrances des classes laborieuses, et, à ce compte, c'est une grave méprise de dénoncer la tyrannie du capi-tal, ou la loi d'airain des salaires.

D'un autre côté, la terre est une richesse limitée. Il n'y en a pas pour chacun, elle s'épuise, et le jour vient où il n'en reste plus. Mais de quel droit une minorité d'individus prétendraient-ils l'accaparer? Elle est à la collectivité comme l'air, comme l'eau, comme la pluie ou les rayons du soleil.

Conclusion : Nous allons la confisquer — pardon, la nationaliser. Nous la grèverons d'impôts jusqu'à con-currence de la rente ou de son rendement. Ses déten-teurs actuels crieront à la spoliation, à la violence. On les laissera crier. Tant pis pour eux. Pourquoi se sont-ils établis sur le bien de tous?

L'État fera cultiver le sol. Il profitera très justement

des plus-values qui ont fourni jusqu'ici à d'habiles spéculateurs, surtout aux abords des cités populeuses, des bénéfices scandaleux. La concentration de la propriété foncière entre quelques mains, qui se voit en certains pays, n'aura plus lieu.

Mais la terre, ont objecté quelques-uns des disciples de M. George, notamment M. Alfred Russel Wallace, l'explorateur et naturaliste anglais bien connu, ne saurait être arrachée sans compensation à ses propriétaires actuels, attendu que, sous l'empire des lois existantes, elle constitue un mode de placement comme un autre, parfaitement régulier, absolument reçu. Impossible dès lors d'opérer la nationalisation du sol autrement que par un rachat.

Disons d'abord que les abus de la grande propriété tuant la petite, qui se manifestent en certains pays, surtout en Angleterre, résultent d'une législation défectueuse, en sorte que la nationalisation du sol n'est pas le seul moyen de les faire disparaître. Que l'on démocratise ces lois, encore tout empreintes de féodalité, comme on l'a fait en France, il y a un siècle, l'accaparement territorial prendra fin, et peut-être même trouvera-t-on que le sol s'émiette trop.

Quant à cette autre question accessoire, l'exhaussement du prix des terres qui se produit surtout à l'intérieur et aux abords des grandes villes et qui devrait, estime-t-on, profiter à l'État, nous répondrons que c'est là une réforme qui pourrait s'accomplir d'une manière indépendante au moyen de l'impôt, ainsi que le pensait déjà l'économiste Mill, le père, en sorte que la nationalisation du sol n'est pas de rigueur pour y arriver.

Et maintenant considérons en elle-même, en regard des difficultés sociales de notre temps, la thèse des nationalisateurs agraires.

On admettra sans peine que dépouiller les propriétaires fonciers, leur prendre leur bien sans compensation, selon la formule de M. George, serait une iniquité plus criante encore que la confiscation de toutes les espèces de richesses, rêvée par le collectivisme, car il n'y aurait plus mesure égale pour tous ceux qui possèdent.

Il faudrait donc recourir à une expropriation pour cause d'utilité publique, et racheter les terres à leur prix, ainsi que le soutient M. Wallace. Mais que pourrait gagner la société à cette opération?

On n'achète qu'en payant, et ici on ne payerait qu'en empruntant. La dette publique deviendrait dès lors un fardeau accablant, et comme les terres gérées par l'État ne rapporteraient pas toujours intégralement l'intérêt des sommes engagées, — nous en savons quelque chose par ce temps de crise agricole où nous vivons — voilà la masse des contribuables saignée à blanc. Nous ne parlons pas du danger qu'il y aurait à confier à un gouvernement une exploitation colossale, ni de l'extension que prendrait le fonctionnarisme, ni des assauts des vautours et des frelons, d'autant plus à craindre que l'espoir d'une copieuse curée serait plus généralement caressé.

Ce sont là des difficultés de nature à faire réfléchir,

mais où sont les avantages directs? Qu'y aurait-il de changé dans la situation des classes populaires?

Dans la règle, l'État ne remettrait pas à chacun sa part dans la répartition du fonds. Il affermerait le territoire, qui redeviendrait ainsi la chose des personnes chargées de le cultiver.

Mettons cependant que, dans les petites localités rurales, il pût procéder, entre les habitants, à un partage périodique du domaine commun, ou en laisser certaines parties, les pâturages, par exemple, dans l'indivision. Ces concessions ne sauraient constituer des cadeaux. Un État endetté jusqu'au cou ne se permettra pas de telles libéralités. De toute façon, les concessionnaires auraient à payer une redevance. Ils deviendraient, sous un nom quelconque, des fermiers. Or, si c'est là ce qu'ils désirent, mieux leur vaut encore, dès maintenant, d'acquérir ou de louer des terres : elles ne manquent pas dans les pays qui ont tenu à rendre le sol accessible à la masse, et ils sauront mieux ce qu'ils font.

Mais voici le comble de l'insuccès. La nationalisation du sol ne saurait, en somme, intéresser que les habitants des campagnes ou des petites villes, et encore pas tous, mais ceux-là seulement qui ont des occupations agricoles. Et quant aux grandes agglomérations, les métropoles comme Londres, Paris, Berlin ou New-York, les cités industrielles comme Mulhouse ou Roubaix, Charleroi ou Sheffield, leur offrir des lots de terre à exploiter contre la promesse d'une forte redevance annuelle, nous paraît être, en fait de cure du paupérisme, une des choses les plus inimaginables qui se puissent imaginer.

Pour le vieux monde, où l'État s'est dessaisi des terres, la nationalisation du sol n'a guère qu'un intérêt rétrospectif, puisqu'il faudrait les racheter et qu'aucun gouvernement ne s'y risquera. Mais fussions-nous encore à temps pour essayer de ce régime, il est plus que douteux qu'il se généralisât jamais. Tout le tapage fait autour du livre de M. George n'a pas empêché les États-Unis de continuer d'aliéner tous les jours des terres domaniales.

N'oublions pas, d'ailleurs que le principe placé à la base de la nationalisation du sol, a fleuri partout dans le passé, que la propriété foncière indivise a été un mode de possession universel. Si partout ce système a disparu au sein des nations avancées, ce qu'il en reste n'étant qu'une portion insignifiante, il est à présumer qu'il y avait de bonnes raisons pour qu'il en fût ainsi, et que des motifs d'utilité de premier ordre l'ont fait battre en retraite.

Le demi-collectivisme ne vaut donc guère mieux, en regard de la solution de la question sociale, que le collectivisme radical. Il respecte, il est vrai, la famille, il laisse subsister le grand ressort moteur de l'activité, l'intérêt individuel, mais il ne promet rien de plus certain que la ruine, à brève échéance, à ceux qui auraient la fantaisie d'en goûter. Ce qui atteste d'ailleurs la baisse de ses actions, c'est l'oubli profond dans lequel le laissent ceux qui l'acclamaient avec enthousiasme il n'y a guère que quelques années, alors que M. Henri

George soulevait, de sa parole enflammée, les ouvriers d'Angleterre et d'Amérique, faisait des tournées triomphales, et menaçait de l'emporter, comme candidat du parti populaire, à la mairie de la ville de New-York. C'était aussi le temps où des philanthropes entièrement désintéressés embrassaient sa cause avec ferveur.

Et maintenant, concluons sur le socialisme subversif.

*
* *

On se tromperait en supposant qu'il se réduise aux deux grandes écoles qui nous ont arrêté. Ces écoles elles-mêmes n'offrent pas un ensemble uniforme; elles sont traversées par les courants les plus divers, et il nous faudrait un nouveau chapitre pour chercher seulement à en donner une idée.

C'est que les doctrines se transforment forcément au contact des hommes qui les professent et des milieux où elles se développent.

L'élément dissolvant par excellence et qui fait éclater les oppositions les plus tranchées, c'est ici la politique.

Les anarchistes, fortement imbus de nihilisme et dont les principaux chefs d'ailleurs appartiennent à la Russie : — Bakounine, il y a quelques années, aujourd'hui le prince Kropotkine — tiennent que tous les gouvernements étant corrompus, c'est une faute de participer à la vie politique, ne fût-ce qu'en jetant dans l'urne son bulletin de vote. Abstention, tel est le mot d'ordre des modérés du groupe (on est toujours le modéré de quelqu'un).

Mais les anarchistes pur sang vont plus loin. Ce n'est pas assez pour eux de dédaigner les gouvernements; il faut encore leur donner de la tablature, faire de l'obstruction, fomenter des troubles, précipiter la chute des institutions, hâter en un mot la révolution sociale.

Les socialistes collectivistes ou collectivisants, ces opportunistes de l'armée rouge, infiniment plus nombreux, moins compromis par des voies de fait, déclarent, au contraire, qu'il faut se mêler aux luttes politiques et envoyer dans les corps délibérants des hommes décidés à agir — en attendant mieux — pour l'amélioration du sort des travailleurs dans les circonstances présentes.

Les anarchistes et les non anarchistes, ayant une façon si opposée de concevoir le rôle de l'État, ne se disputent pas seulement entre eux sur l'attitude politique à garder actuellement. Ils n'entendent point non plus de la même manière la mise en œuvre du collectivisme, le jour où la société capitaliste aurait succombé. Les premiers, toujours fidèles à leur principe de la diminution excessive des pouvoirs publics, pleins de confiance dans la bonté foncière de l'homme, s'organiseront communalement ou même corporativement, laissant la société nouvelle se constituer d'une manière toute spontanée, tandis que les seconds obéiront à leur instinct centralisateur, autoritaire et gouvernemental.

Par un certain côté, les anarchistes tendent ainsi la main

aux économistes orthodoxes, et à l'école évolutionniste anglaise de M. Herbert Spencer, qui n'a rien dit de trop fort pour leur goût dans son livre : l'*Individu contre l'État*.

Les socialistes subversifs ne sont donc pas en réalité une Église, mais une multitude de sectes qui s'excommunient les unes les autres plus souvent que de raison. Il n'en reste pas moins qu'elles ont entre elles un trait commun. Elles aspirent à supprimer la propriété privée. C'est là que gît le danger de la situation, car à un moment donné les circonstances pourraient faire converger les différents groupes vers une action destructive. Qu'on se rappelle les journées les plus sombres de la Commune de Paris ou, en 1877 et en 1894, aux États-Unis, les grèves des employés de chemins de fer qui ont laissé de si lugubres souvenirs.

Nous croyons cependant que l'on ne saurait compter comme collectivistes totaux ou partiels tous les socialistes qui, une fois ou l'autre, auront pu paraître adhérer aux doctrines de la révolution sociale. Ces doctrines figurent en vedette en tête des programmes de combat, mais on sait comment se rédigent ces manifestes. Ils sont élaborés par quelques meneurs et la masse opine du bonnet. C'est ainsi, qu'on a pu voir en Angleterre, une même assemblée rejeter la doctrine de la nationalisation du sol par un vote unanime, puis l'acclamer, à quelque temps de là, comme si de rien n'était.

Au surplus, ce qui intéresse surtout le gros de l'armée socialiste, c'est beaucoup moins le système pur que les réformes immédiates. Et ces réformes immédiates tiennent la grande place dans les programmes. Si, fort souvent, l'utopie et la chimère se glissent aussi dans cette partie du plan de réforme, ce n'est pourtant pas toujours le cas, et nous y avons trouvé parfois des revendications si légitimes que nous nous sommes pris un peu à rougir à la pensée que la société laissait de tels griefs à des hommes qui ne demandent pas mieux que de la trouver en faute.

Notre conviction intime et mûrie, c'est que le socialisme subversif est un mal passager, créé par les despotismes politiques, et qui disparaîtra au grand air de la démocratie sincèrement appliquée. Il est certains microbes qui ne résistent pas à la liberté : celui-là en est un.

Tuons-le donc, à force de liberté. Que l'on regarde ce qui se passe dans la France républicaine, sur cette vieille terre si féconde pourtant en divagations humanitaires. Le socialisme violent s'y dissout. En Suisse, c'est à peine s'il existe. Il n'est guère représenté aux États-Unis que par des étrangers à l'Amérique, des Allemands et des Irlandais.

Et pour en finir plus sûrement encore avec lui, que tous les hommes de cœur s'appliquent à faire cesser les justes griefs que peuvent nourrir contre la société les déshérités de notre civilisation.

C'est à cette mission que se vouent différentes écoles d'économie sociale qui vont nous occuper. Mais ce chapitre sur les écoles subversives demande encore quelques mots concernant une transformation toute récente et dont nous ne voyons encore que le début.

***

Nous avons considéré le collectivisme tout court ou intégral, puis le semi-collectivisme agraire, soit nationalisation du sol. Le semi-collectivisme peut être tenu pour fini, au moins pour le moment; quant au collectivisme pur, certains symptômes qui, pour ne remonter qu'à quelques années, cinq ou six ans environ, n'en sont pas moins très significatifs, annoncent chez lui une transformation imminente. Notre vœu de tout à l'heure commence à s'accomplir. Le principal ennemi qu'a rencontré cette doctrine, c'est elle-même. Ce qui n'est pas viable doit périr.

Nous avons vu, en Allemagne, le collectivisme marxiste acclamé par le parti politique dit de la démocratie sociale, et ses coryphées, MM. Liebknecht, Bebel, figurer à la tête du groupe socialiste au Reichstag.

Les socialistes d'outre-Rhin ont mis en ligne de gros bataillons et obtenu une forte représentation. Ils ont, de plus, réussi à rentrer en possession du droit commun qui leur fut dénié, pendant quelques années, par les lois de l'Empire; mais, pour combattre avec succès les lois d'exception dirigées contre eux, il leur fallait se montrer prudents, pratiques, éliminer de leur programme les articles qui constituaient une menace contre l'ordre social et détournaient d'eux la confiance. Or, faire tout cela, c'était cesser d'être un parti révolutionnaire, ou tout au moins estomper fortement ce côté et s'acheminer à devenir un parti de gouvernement.

L'évolution a été aussi rapide que remarquable, et voici où nous en sommes aujourd'hui.

MM. Liebknecht, Bebel et leur influent correligionnaire, M. Volmar, déclarent à qui veut les entendre que la société future échappe en partie à nos prévisions, qu'il est impossible d'en esquisser le plan, qu'il y a une part considérable d'inconnu dans le problème. On peut lire à ce sujet le discours prononcé par M. Bebel au Reichstag, le 3 février 1893, et publié sous le titre : « L'État futur et la Démocratie sociale. » D'après lui les fondateurs de la nationalité allemande, le baron de Stein entre autres, n'avaient aucune idée de l'œuvre dont ils jetaient les fondements. « Ne nous demandez pas, poursuivait l'orateur, de préciser la future société. »

Que faire dès lors ? Insister sur l'action immédiate, et mettre la doctrine à l'arrière-plan. C'est en effet la tactique suivie. Dans le *Forum* de New-York (février 1895) M. Liebknecht résumait en deux propositions passablement contradictoires la thèse collectiviste : maintien de la propriété privée, mais toutes les fonctions de la société remplies par et pour la société. Cela fait, il énumérait une longue série de réformes applicables à l'ordre de choses actuel. Et dans ce même article il défendait son parti contre le reproche de posséder deux programmes : l'un pratique, opportuniste, l'autre réservé aux initiés, théorique et doctrinal. Cette impression que l'on commence à éprouver dans le public de deux programmes, c'est-à-dire de deux tendances chez les socialistes avancés, est très intéressante à recueillir.

Il faut rappeler ce détail qu'au moment où les collectivistes d'outre-Rhin opéraient cette remarquable évolution, un célèbre pamphlétaire, M. Eugène Richter, le chef du parti progressiste ou radical au Reichstag, les avait mis au pied du mur. Dans une satire aussi vigoureuse que divertissante, écrite sous la forme d'une page d'histoire fictive, l'auteur montrait l'impuissance absolue de la démocratie sociale à réaliser son programme collectiviste. Or, il n'y avait guère d'autre moyen de répondre aux *Tableaux d'avenir* de M. Richter que de refuser le combat.

En fait, les hommes qui, en Allemagne, dirigent aujourd'hui le mouvement socialiste, reviennent au point de départ. Ni Lassalle, ni même Marx n'avaient, on s'en souvient, formulé le collectivisme avec la netteté si sereine et si confiante que cette doctrine finit par revêtir dans la suite, et qui fut surtout l'œuvre de l'Internationale et du D^r Pœpe, ainsi que du publiciste Schæffle. Pour eux, ils s'occupaient essentiellement de donner l'assaut à la société capitaliste.

Hors de son berceau, le collectivisme n'a jamais rallié que partiellement les masses avancées. Cependant, en France, les socialistes d'avant-garde y firent adhésion plus qu'ailleurs ; mais les voici qui, de leur côté, battent aussi en retraite. M. Jaurès annonce que la caractéristique du « communisme scientifique, » c'est de « s'adapter aux lois de l'évolution sociale, aux conditions des civilisations modernes. » Et M. Guesde, depuis le jour où il a cherché à gagner des adhérents dans les campagnes, affirme que jamais on ne touchera à la petite propriété et que « la solution de la question sociale est dans le morcellement du sol. » On a parlé aussi — M. Jaurès surtout — de l'État qui serait « seul propriétaire foncier, mais concéderait aux citoyens la sous-propriété. »

Sous le nom de nationalisme, nous assistons depuis quelques années, dans les pays anglo-saxons, et particulièrement aux États-Unis, à une éclosion de collectivisme édulcoré, analogue aux dilutions qui viennent de nous arrêter. Le principal porte-parole de cette doctrine est M. Edward Bellamy, le populaire auteur de *Looking Backward*, dont nous avons parlé, et qui habite dans le Massachusetts. Nous avons sous les yeux un récent article de sa propre plume, qui va nous renseigner de première main sur sa manière de voir.

« Le nationalisme, écrit-il, » est la démocratie économique. Il se propose de délivrer la société de la domination des riches, et d'établir l'égalité économique par l'application, à la production et à la distribution de la richesse, de la formule démocratique. Il vise à mettre un terme au contrôle irresponsable exercé aujourd'hui sur les intérêts économiques du pays par les capitalistes poursuivant leurs fins privées, et à le remplacer par des organes publics responsables, opérant pour le bien général. En d'autres termes, il s'agit de mettre le système commercial et industriel en harmonie avec le système politique, en faisant passer le premier sous la domination du gouvernement populaire, de la même manière que celui-ci, en la personne du gouvernement politique, fut subordonné au suffrage égal de tous, opérant pour le bénéfice égal de tous. Tout aussi bien que la démocratie politique s'applique à protéger les individus contre la tyrannie résultant des institutions politiques, de même la démocratie économique ou nationalisme les protégera contre des oppressions autrement nombreuses et graves résultant du régime économique. La démocratie économique du nationalisme est, en effet, le corollaire et le supplément nécessaire de la démocratie en politique, et c'est grâce à elle que cette dernière sera en mesure de procurer au peuple l'égalité et la liberté qu'elle lui a promis. »

Le nationalisme se présente, à la fois, comme une protestation et un refuge contre les grands monopoles, c'est-à-dire les puissantes sociétés financières qui, depuis une génération surtout, ont tué la compétition industrielle et créé un nouveau despotisme.

« Il est matériellement impossible, dit encore M. Bellamy, de rendre au peuple, sous la forme individuelle, la gestion de ses intérêts, mais il est faisable de la remettre à sa direction collective... À cet effet, nous entendons organiser, sous forme d'entreprises publiques, toutes les affaires industrielles et commerciales du peuple, de façon qu'elles soient conduites à l'avenir, comme toutes les autres entreprises publiques, par des agents responsables et pour le bénéfice égal des citoyens. Ce plan est appelé nationalisme, parce qu'il procède de la nationalisation des industries, tout en comportant, comme applications subsidiaires du même principe, la municipalisation et le contrôle de l'État pour les affaires du rayon local. »

Quant à la situation que le nationalisme occupe en regard du socialisme en général, voici ce que l'on nous apprend : « Le socialisme implique la socialisation de l'industrie. Il reposera ou ne reposera pas sur une organisation nationale, supposera ou ne supposera pas l'égalité économique. Comparé avec le socialisme, le nationalisme est une définition destinée à marquer, non une opposition ou une exclusion, mais une précision plus grande; une foule de vagues et disputées interprétations historiques se rattachant au mot de socialisme, devaient faire désirer plus de clarté. »

Il faudra commencer par enlever à l'exploitation privée les entreprises privilégiées, savoir : télégraphes, téléphones, chemins de fer, éclairage public, force hydraulique, etc. Ensuite viendront les assurances sur la vie et contre l'incendie. Au surplus, la multiplication des *trusts,* soit entreprises d'accaparement, et des syndicats, facilitera la tâche du nationalisme qui, trouvant des organisations complètes, n'aura plus qu'à s'en emparer et à y remplacer l'agent principal par le peuple.

Cette révolution profitera au consommateur, qui ne devra plus payer de gros bénéfices aux capitalistes, ainsi qu'au travailleur dont les fatigues seront allégées, et qui cessera d'être indignement rançonné : on ne verra plus, comme aujourd'hui, dans l'industrie de la confection, par exemple, le sisyphisme réduire les salaires à des proportions dérisoires, au profit des intermédiaires. A mesure que la collectivité s'emparera des affaires économiques, la ploutocratie lâchera le pouvoir et les moyens d'enrichissement que lui assurent le contrôle et le

revenu des industries. Cependant le nationalisme indem-
nisera, au moins modérément, dans ses expropriations.

Telles sont les grandes lignes du programme.

La nouvelle foi a remporté ses succès les plus signa·
lés parmi les populations socialisantes du Far West :
« populistes » et membres de l'alliance des agriculteurs
(Farmers' Alliance), très hostiles aux accaparements et
en même temps, rassurées, par la promesse d'une évolution prospère et pacifique, contre les craintes de
l'inconnu.

En conclusion, presque partout succède au collectivisme de la première heure un collectivisme moins
absolu, aux lignes indécises, et qui se ramène, en fait,
à cette formule élastique : L'État fera tout ce qu'il
pourra pour assurer un bonheur plus universel et plus
égal.

CHAPITRE III.

LES SOLUTIONS RÉFORMISTES.

Renverser l'édifice social? Mais pourquoi? Pour imiter les Helvètes d'il y a deux mille ans, qui livrent aux flammes douze villes et quatre cents villages, et reviennent ensuite, la mort dans l'âme, reconstruire leurs habitations sur des ruines fumantes! En vérité, ce n'est pas la peine.

Vous oubliez d'ailleurs, vous qui vous piquez de science, qui avez élaboré un prétendu socialisme scientifique, que la science tout entière vous condamne. Elle affirme, en effet, que la nature ne procède pas par bonds, qu'elle ne connaît ni ruptures, ni brusques rebroussements. Qu'il s'agisse de la croissance d'un animal, d'une plante ou de celle de la société humaine, sa marche est identique. Il n'y a jamais eu, au sens ordinaire du terme, de révolution; tout est continuité, développement, évolution.

Ainsi parlent les réformistes.

Ce qui les sépare des subversifs, ce qui opère le partage des eaux, c'est ce gros bloc, ou si l'on veut ce grand fait, la propriété privée. Les uns la menacent, s'attaquent à elle; les autres, d'une manière générale, la respectent.

En traitant des réformistes et de leurs idées, une première difficulté se présente, toute formelle et extérieure, il est vrai. Plusieurs d'entre eux prennent aujourd'hui le nom de socialistes, qui a généralement servi, jusqu'ici, à désigner les ennemis de l'ordre de choses actuel, les niveleurs de toutes nuances.

Était-ce simplement l'idée de faire de l'homéopathie sociale, de combattre un virus en l'inoculant à petite dose dans les esprits, à la manière de la vaccine ou du traitement antirabique Pasteur? Ou bien est-ce surtout que l'on a désiré rompre avec l'individualisme économique, considéré comme une doctrine étroite, égoïste, indifférente au bonheur général, et interdisant à l'État de faire un pas vers ceux qui souffrent? Ou bien encore le terme de socialisme ne devrait-il pas une partie de sa vogue à sa valeur en tant que moyen de réclame politique, car c'est alors un brevet de générosité que l'on se décerne et qui ne comporte pas de biens sérieux sacrifices personnels?

Ces trois causes nous paraissent avoir agi de concert et expliquer l'étrange fortune du mot de socialisme à partir du jour où Louis Reybaud, l'auteur de *Jérôme Paturot*, eut, selon ses propres paroles, le triste honneur de l'introduire dans notre langue, et cela au cours d'un article publié en 1836 dans la *Revue des Deux-Mondes*.

Aujourd'hui est socialiste quiconque déclare vouloir se servir de l'État pour améliorer le sort des masses. M. Yves Guyot, un des coryphées de l'individualisme en matière économique, était porté à Paris, il y a quelques années, comme candidat socialiste aux élections législatives. Bien plus, M. de Bismarck, l'auteur des lois de répression contre les socialistes allemands, est lui-même un socialiste. N'a-t-il pas donné un lustre particulier au socialisme d'État? Décidément les mots ont leur ironie.

Les réformateurs sociaux qui nous occupent aujourd'hui forment une immense armée dans laquelle se coudoient des groupes divers, et qui a son centre, ses ailes, ses sentinelles avancées.

Les sentinelles avancées, ce seraient, nous semble-t-il, ces hommes, le plus souvent lancés dans la politique, députés, journalistes de l'extrême gauche, qui, sans attenter directement à la propriété privée, affirment néanmoins qu'elle est susceptible d'être conçue autrement, remaniée, transformée. Ils déclarent volontiers que la notion du *tien* et du *mien* remonte à un décret de l'État et que celui-ci reste toujours maître de reviser son œuvre, de remplacer une convention par une autre. Il est vrai que l'État, en instituant la propriété, partait d'un fait existant, savoir l'appropriation spontanée, qu'il n'a fait que sanctionner en la régularisant et en la précisant, mais il n'y a rien là, disent-ils, qui nous lie. Ils en sont à Rousseau, dont la fameuse théorie sur l'origine de la propriété est un des nombreux sophismes qu'il a mêlés à des intuitions de génie. Mais on n'est pas nécessairement dans le vrai pour être du côté du citoyen de Genève. A ce compte, il faudrait admettre, par exemple, la nationalisation du sol, qu'il a, en quelque sorte, portée sur les fonts baptismaux lorsque, prenant à partie « le premier qui, ayant enclos un terrain, s'avisa de dire *ceci est à moi* et trouva des gens assez naïfs pour le croire », il s'écrie : « Les fruits sont à tous, la terre n'est à personne. »

Mais quelles modifications se flatte-t-on de faire subir à la propriété privée?

Eh bien! celles-ci, entre autres : limiter la quotité des fortunes particulières en absorbant par l'impôt les sommes dépassant un certain chiffre ou, sans aller si loin, les entamer plus ou moins fortement. Prélever ainsi, sur le superflu des riches, de quoi alimenter des institutions de bien public destinées à venir en aide aux maltraités de la vie. Les lois fiscales deviennent un moyen d'atténuer les inégalités sociales : c'est au législateur à s'en servir, à corriger avec leur aide la répartition des richesses. Telle est la doctrine de l'impôt compensateur, qui a pour principal représentant scientifique le professeur Adolphe Wagner de l'Université de Berlin, un socialiste d'État d'une grande hardiesse.

La gauche de l'armée, nous la trouvons dans les partis désignés sous les noms de socialistes d'État, socialistes de la chaire, socialistes catholiques de la nuance de MM. de Mun, en France, ou Decurtins en Suisse (le gros des catholiques d'outre-Rhin a une autre tendance), socialistes chrétiens de la couleur de M. Stœcker, l'ex-prédicateur de la cour de Berlin, chez les protestants d'Allemagne. On ne préconise plus guère, ici, des modifications dans le régime de la propriété, mais on insiste sur la mission sociale de l'État, auquel on demande, en conséquence, de protéger les ouvriers, spécialement les femmes et les enfants, contre les exigences excessives de l'industrie moderne, de poursuivre l'amélioration de leurs conditions matérielles, de les aider à se couvrir contre les risques du lendemain, la maladie, les accidents, l'incapacité de travail, la mort — dans ses effets pour la famille, le chômage.

Enfin, nous irons chercher la droite dans l'école économique classique, dénommée aussi école individualiste, libérale, orthodoxe, doctrinaire et école de Manchester, chez les catholiques allemands héritiers de la pensée de l'évêque Ketteler, chez les continuateurs, en France, de l'œuvre de Le Play, ainsi que chez les évolutionnistes darwiniens groupés autour de M. Herbert Spencer.

Pour ces écoles de droite, la solution du problème social comporte deux choses : ramener l'État à sa mission précise, qui est celle de gardien des libertés et des droits de chacun, et lui interdire, non seulement de s'interposer entre le travail et le capital, mais encore de protéger l'un au détriment de l'autre. Quelques-uns s'arrêtent ici, ou n'accomplissent plus après cela que quelques pas timides. La plupart cependant font en outre appel aux initiatives privées pour combattre les maux qui conspirent contre les classes pauvres, et acheminer les salariés vers l'épargne, la prévoyance, le crédit, l'association, la coopération. Ce rôle de l'activité libre, tous les partis le réclament, mais les groupes que nous cherchons à caractériser en cet instant y appuient d'autant plus en général qu'ils tâchent de se passer, autant qu'il est possible, du concours matériel de l'État. M. Spencer condamne même cette intervention comme un crime.

Dans ce classement des forces non subversives — que

nous n'avons garde, il va bien sans dire, de présenter
ni comme complet, ni comme définitif — nous avons
rapporté les doctrines à cette seule mesure : l'étendue de
l'intervention de l'État. A gauche, on est très interven-
tionniste, à droite beaucoup moins. Il y a, du reste,
tous les degrés.

Mais, à juger des gens uniquement par cette norme,
leur façon de concevoir l'action gouvernementale, on
arrive à séparer des hommes en somme très rapprochés
de vues et de sentiments, et à réunir des individualités
fort hétérogènes. Certains esprits avancés et actifs dans
les œuvres d'intérêt général passent à droite, tandis que
des conservateurs notoires, à peine de notre temps par
certains côtés de leurs vues, passent à gauche. M. de
Bismarck laisse derrière lui M. Gladstone et, à côté du
jeune empereur d'Allemagne, les membres du Congrès
de Washington sont des réactionnaires. Presque autant
vaudrait fonder une classification botanique sur la couleur des fleurs, mettre les roses blanches avec les mar-
guerites.

D'ailleurs, l'intervention de l'État, n'est pour personne une doctrine fixe et universelle. L'un la désire
pour une chose, un autre pour une autre chose, personne pour tout. Nous nous garderons, par conséquent,
de donner à nos étiquettes plus de valeur qu'elles n'en
ont.

*
* *

Nous venons d'énumérer un certain nombre d'écoles
économiques qui s'appliquent à résoudre pacifiquement

le problème social. Nous avons dit combien le lien auquel elles se rattachent est peu propre à donner une idée exacte de chacune d'elles et à en révéler l'esprit intime. Il serait certes facile de trouver une autre classification, mais en quoi serions-nous plus avancés pour avoir remplacé les catégories fondées sur le degré plus ou moins grand d'intervention de l'État, par d'autres groupements économiques? Aussi bien, l'intérêt est ailleurs.

Il s'agit de savoir si le problème social est essentiellement d'ordre économique. D'après les subversifs, il en va bien ainsi, puisque le mal à leurs yeux provient surtout d'une fâcheuse organisation du monde des intérêts : mais pour les réformistes, il en est autrement.

En effet, ils n'ont pas le même point de départ. Ils ne prétendent pas, sans doute, que tout soit normal et parfait dans la façon dont les biens de la terre ont été distribués, et ils espèrent mieux; mais ils proclament néanmoins que les bases du monde des intérêts sont définitives, qu'on ne les changera pas, et que l'essentiel, dès lors, est de tirer le meilleur parti possible des circonstances données. Or, que faut-il pour cela ?

Une meilleure entente du travail et de la répartition des fruits du travail entre tous les ayants-droit? Une industrie et un commerce plus réguliers, plus actifs et plus rémunérateurs? Des combinaisons perfectionnées pour assurer une plus entière satisfaction des différents besoins? Autant de points qui relèvent de la science économique et qui ont leur importance manifeste. Cependant, il peut être tenu pour évident que tout n'est pas là, que dans la réforme de la société, mille autres améliorations entrent en ligne, à côté du progrès économique ; qu'il y a lieu, par conséquent, de faire appel non seulement à l'économiste, mais à tout homme qui, de façon ou d'autre, est en état de coopérer à une œuvre utile de rénovation sociale. En ce cas, la solution du problème qui nous occupe ne saurait relever des seuls économistes.

Pour savoir où est le remède aux maux présents, nous devons nous former une idée exacte de ce qui constitue la question sociale. Si nous sommes conduits à reconnaître qu'elle est, de sa nature, éminemment complexe, que l'accroissement de l'aisance générale n'en représente qu'un côté, et que, n'impliquât-elle d'autre objet à poursuivre que le développement de l'aisance, ce serait déjà, même sous cette forme réduite, une question débordant l'économie politique, alors notre conviction sera faite. Il sera acquis que le médecin dont nous avons besoin n'est pas tel ou tel spécialiste, mais tout le monde, tout homme ayant une influence à exercer pour le bien.

Et dans ces conditions, le devoir sera tout tracé. Il est contenu en entier dans la parole de saint Paul, ce grand docteur ès-sciences sociales et religieuses : « Éprouvez toutes choses et retenez ce qui est bon ! »

DEUXIÈME PARTIE.

LES FACTEURS DE LA QUESTION SOCIALE.

CHAPITRE I.

CONSIDÉRATIONS GÉNÉRALES.
LE PROGRÈS ET SES RÉPERCUSSIONS. LES FAUX REMÈDES.

Nous venons de voir que l'on présente parfois la question sociale comme étant surtout de nature économique.

Elle est, en effet, cela pour quiconque attend le salut d'un nouveau 89, supprimant la propriété individuelle ou la réduisant à la portion congrue.

Mais dès que l'on refuse d'entrer dans cette manière de penser, dès que l'on repousse la truculente théorie d'un *quatrième état*, possédant des intérêts opposés à ceux du reste de la population, et ayant profit à renverser l'ordre établi, afin d'asseoir le bien-être sur ses ruines, le problème change absolument d'aspect.

Le salut apparaît alors dans une multitude de réformes qui toutes, par une action plus ou moins directe, plus ou moins rapide, convergent vers le même centre, et tendent à préparer des conditions sociales plus satisfaisantes. Le remède contre le paupérisme, c'est le progrès général — administratif, économique, judiciaire, juridique, politique, éducationnel, scientifique, industriel, agricole, hygiénique, philanthropique, moral, etc., etc. — le progrès au sens le plus vaste et le plus compréhensif du terme.

Pour donner une idée adéquate de l'œuvre à accomplir, il faudrait récrire, en le mettant au point, le livre de Condorcet sur les *Progrès de l'esprit humain*, car tout se tient ici, et il n'est pas de conquête de la civilisation qui ne renferme la promesse d'une réforme sociale.

Lorsque Denis Papin cherchait à utiliser la vapeur, il était loin de se douter de l'importance du nouvel agent qu'il venait de capter. Eût-il pu pressentir, pour ne prendre que ce côté de ses travaux, la colossale révolution que la vapeur allait accomplir dans la viabilité, en donnant naissance aux chemins de fer? Des facilités de communication qui tiennent du prodige, une accentuation fantastique des échanges commerciaux, des hommes et des peuples inconnus naguère les uns aux autres, allant se saluer par-dessus les frontières nationales, tout cela a été l'œuvre de quelques années. Et qui a profité de ces changements? Tout le monde. Faites disparaître par la pensée la locomotive bondissant sur les rails, et vous verrez tout ce que nous perdrions avec elle.

Or, ce que nous disons ici du progrès scientifique et industriel, il faudrait l'étendre à tous les progrès imaginables, dans les idées, dans les mœurs, dans les lois et dans les institutions.

Mais la marche en avant est dans une certaine mesure un fait irrésistible, inévitable. Les hommes et les peuples, sous le double aiguillon de l'intérêt et de la raison en quête de vérité, de perfectionnement, d'amélioration dans les domaines les plus divers, ne vivent qu'en travaillant et en se transformant. D'où il résulte que le progrès social lui-même a un certain côté fatal, qu'il s'accomplit jusqu'à un certain point à notre insu.

M. Leroy-Beaulieu, dans son *Essai sur la répartition des richesses et sur la tendance à une moindre inégalité des conditions*, s'est expliqué là-dessus d'une manière fort probante. Il considère en particulier l'influence de la civilisation en ce qui regarde le développement de la petite propriété agraire, puis la baisse de la rente du sol et du taux de l'intérêt, cheminant de pair avec l'élévation du prix de la main-d'œuvre. Il montre aussi les conséquences heureuses de l'extension du domaine public : écoles, parcs, musées, hôpitaux, asiles, etc., etc., créés par l'État, lequel, complété, en outre, par des fondations particulières d'intérêt général, constitue, à côté de la richesse appropriée, un patrimoine commun et indivis de nature à atténuer en quelque mesure les antagonismes matériels.

C'était une singulière fortune que celle du petit Saül courant à la recherche des ânesses de son père et revenant avec une couronne. Ainsi, lorsque les hommes s'élancent dans leurs divers champs d'activité, ils se trouvent coopérer du même coup à l'édifice de la réforme sociale.

Nous ne sommes pas de ceux qui pensent qu'à raison de ces faits nous n'aurions qu'à laisser faire, et que le progrès général dans le bien-être se réalisera de lui-même, sans qu'il soit besoin de s'en inquiéter. Nous tenons, tout au contraire, qu'il comporte des efforts directs et persévérants, de généreuses initiatives, de saintes croisades. Et, néanmoins, nous ne pouvons que nous réjouir à la pensée qu'une partie de l'œuvre à accomplir se dégage spontanément de l'évolution civilisatrice.

Que le progrès social résulte d'une pluralité de facteurs et qu'il ait à un certain degré le caractère d'une loi fatale, c'est ce que l'histoire proclame de la première à la dernière page. Sans vouloir remonter le cours des âges, regardons à un ou deux siècles de nous seulement. Où sont les paysans hirsutes, sorte de bêtes des champs que l'on voyait en France sous le règne de Louis XIV, et qu'a dépeints La Bruyère? Où sont les famines périodiques? Où sont les cadres de fer qui parquaient les enfants d'un même pays en des camps distincts, presque aussi hermétiquement clos que les castes des Indous? Tout cela a cessé d'être, et le torrent qui a emporté ce sombre héritage du passé est formé de mille flots confondus, venus d'un peu partout et roulant dans le même lit, où l'on chercherait en vain à distinguer leurs origines.

Cela étant, il convient de n'admettre que sous bénéfice d'inventaire, ces spécifiques qui changeraient la face du monde et rendraient les autres moyens d'action quasi inutiles. Pour guérir une affection profonde, touchant aux ressorts mêmes de l'organisme, un médecin ne se contente pas d'un seul remède. Il prescrit des reconstituants, du fer, du repos, de l'exercice, des précautions hygiéniques... Quoi encore ? Des bains, un changement d'air. Bref, un traitement complet, agissant de plusieurs manières à la fois.

Que l'on se défie donc de ces élixirs bons à tout, doués de vertus surnaturelles, atteignant plusieurs buts d'un coup, comme si d'en atteindre un n'était pas déjà un résultat satisfaisant, et plus encore de ces drogues absolument impuissantes, dont il n'y a rien à attendre.

Nous connaissons un bon nombre de ces remèdes qui n'en sont pas. Au début de cette étude, nous avons fait le procès à différentes formes de la chimère connues sous le nom de socialisme collectiviste. Mais que d'autres panacées du même genre il y aurait encore à écarter !

Un exemple. Un impôt sur les machines, s'écrient autour de nous diverses voix ! Autrefois on se flattait de l'espoir de les détruire, aujourd'hui on voudrait les immobiliser avec le concours de l'État. Le rendement de cette taxe permettrait d'indemniser, au moins jusqu'à recouvrement d'emploi, les ouvriers que l'arrivée des engins mécaniques prive d'occupation.

A ce compte, lorsque l'on construit un chemin de fer, on verrait tous ceux à qui cette création va couper les bras : entrepreneurs et commis de messagerie et de roulage, conducteurs et palefreniers, aubergistes et garçons d'auberge le long des routes où il ne passera désormais plus personne, réclamer leur dédommagement, leur rente.

Il suffit d'énoncer cette théorie pour en faire toucher au doigt l'inanité. Nous ne discuterons pas un autre mode de faire qui a aussi ses partisans, et qui consisterait à limiter strictement le nombre d'heures de travail de la machine, non plus que tant d'autres systèmes aussi radicalement impuissants, parmi lesquels il faut mentionner les syndicats obligatoires, qui firent un certain bruit en Suisse, il y a quelques années. Le plan était spécieux. Chaque profession s'organise souverainement chez elle, fixe l'étiage des salaires à une hauteur normale et aussi les tarifs de vente : les gâte-métiers disparaissent *ipso facto*. Mais ce résultat ne peut être obtenu qu'en proportionnant aux besoins le nombre des membres de la corporation. Nous savons ce que cela veut dire, et on ne s'en est pas caché. C'est la limitation du chiffre des apprentis et, s'il le faut, l'exclusion des femmes. Les refusés se tireront d'affaire comme ils pourront : après nous le déluge !

Nous comprenons, certes, les vives appréhensions de l'ouvrier qui se voit menacé dans son travail, c'est-à-dire dans son pain et celui de sa famille. Il faudrait avoir un cœur de pierre pour ne pas se mettre à sa place. Il est appelé à supporter quelques-uns des pénibles contre-coups si fréquents sur la route du progrès, car c'est un fait qu'aucun changement, si heureux soit-il, ne s'accomplit sans léser certaines situations. Mais la meilleure manière de montrer sa sympathie pour son prochain, n'est-ce pas de le mettre en garde contre les illusions décevantes, contre les mirages et toutes ces choses non seulement absurdes à force d'arbitraire, mais heureusement impossibles et que l'on s'étonne de voir trouver crédit à certaines heures.

Disons maintenant où se trouveront, selon nous, les solutions véritables.

Mais avant d'aborder le côté positif et pratique de cette étude, un mot encore est nécessaire. C'est pour prévenir nos lecteurs que la communauté de sentiments qui a dû régner jusqu'ici entre eux et nous pourra cesser. Ils ne partageront pas toujours notre manière de voir, et ils seront d'autant mieux placés pour faire leurs réserves que le cadre étroit de cette étude nous refuse la place nécessaire pour nous expliquer avec toute l'ampleur que nous pourrions souhaiter.

Mais ces divergences de vues n'ont rien que de fort naturel. Les innombrables questions dont l'ensemble compose la question sociale sont autant de problèmes qui ne sauraient se résoudre au pied levé. En donner le dernier mot n'est pas l'œuvre d'un homme ni d'un jour. Il n'en est aucun qui n'ait déjà sollicité l'attention d'une foule d'esprits, et sur lequel il n'existe toute une littérature. Par conséquent, les objections que nous pourrions provoquer sont dans l'ordre : elles affirment à leur manière la complication du sujet.

CHAPITRE II.

LA QUESTION OUVRIÈRE.

La question ouvrière occupe au sein de la question sociale une place si considérable que, selon certaines gens, elle se confondrait avec elle. Ce serait à faire croire parfois à une aristocratie ouvrière privilégiée.

Il y a là une exagération évidente, mais il n'en reste pas moins que le sort des travailleurs et l'étude des améliorations dont leur position est susceptible forme l'un des plus redoutables chapitres de la question sociale. C'est aussi celui dans lequel l'intervention de l'État est appelée à se produire le plus largement. Certes les classes laborieuses sont déjà, par elles-mêmes, une force, et elles peuvent exercer, dans leur propre intérêt, une action considérable; nous dirons plus, et nous affirmerons que l'État ne fera pas grand chose d'efficace si, de leur côté, les travailleurs ne prennent en main leur cause, si chacun d'eux ne cherche, dans l'emploi de sa liberté et dans le groupement des forces individuelles, un moyen de salut. Et pourtant, les difficultés à vaincre sont telles qu'il y a urgence à ce que les pouvoirs publics montent à la brèche car, autrement, la lutte serait parfois absolument inégale. Nous allons donc chercher à marquer la part d'action de l'État.

Lorsque, sous les efforts de Turgot et des physiocrates

dont la Révolution allait bientôt seconder les desseins, tombèrent, en France, les obstacles véritablement inimaginables que les pouvoirs publics avaient peu à peu accumulés contre l'essor naturel de l'industrie et du commerce, il y eut un immense soulagement. Mais on se grisa un peu de liberté. Il semblait qu'il suffit de briser les entraves pour préparer une ère d'universelle prospérité. Il se forma alors une doctrine de droit public dont le premier principe était que chacun doit faire son bonheur. La fameuse formule du *laisser faire, laisser passer* prit une extension abusive, que ses auteurs n'avaient pas songé à lui donner quand ils réclamaient, par ce cri de ralliement, la liberté des échanges. On poussa même la logique jusqu'à supprimer le droit d'association entre employés ou employeurs, comme constituant un retour aux anciennes corporations.

Mais dans cette donnée, l'ouvrier devenait la proie d'une nouvelle tyrannie : celle du patron. L'employeur avait le droit de lui assigner des tâches écrasantes, dans des locaux malsains et, comme il fallait vivre, l'ouvrier se soumettait.

Le mal, dans certains cas, a même été si loin qu'il a fini par déterminer une réaction violente contre ces théories doctrinaires. Aussi bien, les progrès de la démocratie avaient-ils eu pour effet de susciter, en faveur des masses laborieuses, un mouvement de sympathie sincère et générale.

Un revirement s'est produit, et, dans les questions qui nous occupent, le point de vue social, c'est-à-dire de l'intérêt général, tend de plus en plus aujourd'hui à se substituer au point de vue individuel. Socialisme d'État, dira-t-on : nous le voulons bien, mais nous rappellerons que souvent déjà ce reproche a retenti, à propos même d'initiatives que le temps ne devait pas tarder à sanctionner et qui furent attaquées avec acharnement, sur la foi des principes les plus orthodoxes. Tout ce bruit est maintenant fini, ce qui donnerait à penser que certaines interventions gouvernementales n'effarouchent au premier moment que parce qu'elles sont nouvelles.

La poussée d'opinion à laquelle nous assistons se rattache à un ensemble de vues qui peuvent se résumer comme suit.

L'État — par où il faut entendre les organes de la nation, de la province ou de la commune — est le protecteur naturel des citoyens. C'est à lui qu'incombe le soin de les défendre dans leur vie et dans la jouissance de leurs biens. A cet effet, il met des gendarmes dans la rue et il organise des tribunaux pour connaître des divers délits. Il va plus loin. Il se constitue dans une certaine mesure le gardien de la santé publique. Il assainit les marais, purge les quartiers infects, perce des trouées dans les massifs des villes privés d'air et de lumière, creuse des égouts et impose aux propriétaires de maisons certaines conditions quant à la solidité et à la salubrité de leurs immeubles.

Or, l'existence des citoyens peut être mise en péril de diverses manières. Moi, État, je ne saurais assurer à chacun de mes administrés l'alimentation, le logement, le vêtement qui me paraissent leur être indispensables. Pour atteindre ce but, il me faudrait, ou bien fixer le taux de la main-d'œuvre et exiger que l'on donnât du travail à tous, ou bien fournir un supplément de ressources aux personnes gagnant trop peu — autant d'impossibilités absolues. Mais je puis du moins statuer que celui qui fait travailler un être humain ne lui demandera pas une besogne régulière manifestement au-dessus de ses forces. Je puis, en outre, exiger que les locaux où il l'occupe remplissent les conditions de salubrité voulues.

En conformité de ces principes, l'État est amené à réglementer le travail, là surtout où cette mesure peut être le mieux et le plus utilement appliquée, savoir dans les exploitations mécaniques, dans les mines, dans les fabriques : il faut aller au plus pressé. Il protégera avec une sollicitude particulière, les femmes et les enfants, à raison de leur faiblesse. S'il entend bien son rôle, il ne vouera pas sa sollicitude aux seuls salariés de la grande industrie, comme s'il n'y avait que ceux-là. Il imitera l'Angleterre où la loi interdit, par exemple, l'engagement de ramoneurs au-dessous de seize ans. Il devra faire aussi en sorte que cette protection ne devienne pas un moyen détourné et hypocrite d'opprimer certaines catégories de travailleurs.

Pour mieux atteindre son but, il pourra limiter la durée de la journée de travail. La Suisse, bientôt suivie par l'Autriche, a été le premier État à instituer la journée normale, et elle s'est arrêtée au chiffre maximum de onze heures. Elle est partie de ce principe que onze heures de labeur, à part le temps des repas, c'est tout ce que les forces quotidiennes autorisent, en sorte que d'aller plus loin serait une sorte d'attentat contre la vie, un outrage aux droits de l'homme. Cette restriction d'ailleurs, n'a pas eu pour effet de diminuer d'une manière sensible la productivité nationale, en sorte, que sauf quelques protestations à l'origine, elle a pu être imposée sans résistance et sans déchaîner de crise industrielle. Une législation spéciale règlera aussi les conditions du travail des femmes et des enfants. En outre, les pouvoirs publics chercheront à faire prévaloir la journée de repos hebdomadaire. Enfin, ils exerceront une surveillance sanitaire active sur les locaux industriels. On reconnaît à première vue, dans ce programme, les matières principales sur lesquelles porta la conférence ouvrière tenue il y a quelques années à Berlin, sur l'initiative de l'empire d'Allemagne.

Il paraît également souhaitable que l'État intervienne pour couvrir l'ouvrier et sa famille contre les risques professionnels, en demandant aux employeurs, et tout spécialement à ceux qui, par l'usage des machines, accroissent le péril, de participer seuls ou conjointement avec leurs ouvriers, aux frais de cette mesure.

L'État fera-t-il plus, et convient-il qu'il institue aussi, à l'instar de l'Allemagne, un régime d'assurances obligatoires contre la maladie, l'incapacité de travail, la vieillesse ? — Nous pourrions parler encore du chômage, que certains groupes avancés voudraient voir comprendre aussi dans le réseau protecteur officiel, mais dont la prévention, sous une forme sérieuse et générale, offre d'exceptionnelles difficultés. Introduira-t-il l'assurance en cas de décès ? A quelles catégories de citoyens l'assurance devra-t-elle être appliquée?

Impossible de poser à cet égard une règle fixe. Il faut tenir compte de la situation particulière de chaque pays, des mœurs, des moyens déjà en vigueur pour réaliser ces différents buts, des besoins non encore satisfaits, et si l'État se décide à intervenir, savoir se contenter de résultats modestes mais sûrs.

Nous tenons, quant à nous, que l'État est pleinement autorisé à soumettre à l'obligation de l'assurance les salariés de condition modeste, auxquels ils est aussi difficile que nécessaire de se prémunir contre les inconnus de la destinée, et qui, si on ne leur en fait une loi, resteront d'ordinaire dépourvus. L'important est qu'il fasse de l'assurance sérieuse, et ne cherche pas à incorporer des personnes qui le laisseraient tranquillement acquitter les cotisations à leur place.

En Allemagne les assurances ouvrières contre la maladie et les accidents ne coûtent rien à l'État, en dehors de son concours administratif; mais dans la troisième branche, invalidité et vieillesse, l'État ajoute cinquante marcs par an à la rente servie, quel qu'en soit le montant. Cette participation matérielle de la communauté aux frais de l'entreprise est-elle à recommander? Les avis diffèrent. Nous pensons, quant à nous, qu'il y aura avantage pour l'ouvrier, tant au point de vue de son relèvement matériel qu'à celui de son éducation morale, à se passer de ce concours, dût-il résulter de cette renonciation une surélévation de quelques centimes par jour du chiffre des cotisations. En fait, les charges résultant de l'assurance finiront toujours par entrer dans le contrat de louage du travail, et par amener une augmentation du salaire, en sorte que le gain net de l'ouvrier n'en sera pas sensiblement diminué.

L'assurance est un des moyens les plus efficaces pour améliorer la situation des classes laborieuses. Aussi l'initiative inaugurée en ce domaine par l'Allemagne, a-t-elle entraîné l'Autriche, qui s'est dotée des deux assurances contre les accidents et contre la maladie, et est-elle à l'étude dans plusieurs pays, notamment en Suisse. Ce pays, par un vote sur la question de principe, a autorisé ses mandataires à aller de l'avant. D'ailleurs, si l'État se désintéresse de l'assurance, il pourra voir la charité légale, qu'il est toujours obligé de pratiquer à l'égard des indigents, l'entraîner à des dépenses considérables dont tout le monde, à commencer par les petites bourses, ressentira le contre-coup. A vrai dire, il s'agit ici d'une transformation, d'un perfectionnement du système de l'assistance, et c'est ainsi, pour le dire en passant, que peut jusqu'à un certain point se légitimer la subvention faite par l'empire allemand à la branche d'assurances vieillesse et invalidité.

Mais est-ce là tout ce que l'État peut faire? Nous pensons qu'il doit encore régulariser le fonctionnement des syndicats professionels. D'ailleurs ces groupements corporatifs permettront au peuple travailleur de défendre avantageusement ses intérêts dans la fixation du salaire et des autres conditions du travail.

L'avilissement des prix peut devenir excessif. Le travail alors ne procure plus le nécessaire : c'est un affameur. Cette situation si anormale est ce que l'anglais désigne sous le nom de *sweating system*, soit système de la sueur, et le français sous celui de sisyphisme.

La cause la plus ordinaire de cette effrayante anomalie est la présence de sous-traitants qui prennent, ou même se repassent entre eux, les commandes, en sorte que celles-ci n'arrivent au destinataire qu'après avoir payé une ou plusieurs rançons à l'intermédiaire parasite. C'est surtout dans l'industrie de la confection que cet abus se produit, et l'on y descend parfois à des tarifs invraisemblables.

Cependant d'autres circonstances peuvent amener des résultats analogues. D'abord l'émigration dite à la chinoise (on pourrait dire aussi à l'italienne) de gens allant passer au dehors quelques années ou quelques saisons, mais sans idée de s'y établir ni de se mêler au reste de la population. Ils vivent de fort peu, n'ont que des besoins rudimentaires, et peuvent ainsi se contenter de salaires minimes, ce qui coupe les bras aux travailleurs indigènes.

Il faut signaler encore l'émigration à dose un peu forte et d'une manière continue d'individus très inférieurs en civilisation, très pauvres, qui se contentent du prix qu'on leur fait, et gâtent ainsi les métiers auxquels ils se livrent. Tels sont, par exemple, les malheureux juifs de Russie, obligés depuis quelque temps de chercher une autre patrie, et qui s'abattent sur Londres ou New-York par dizaines de milliers.

Si, en ce qui touche les sous-traitants, les syndicats ouvriers semblent appelés, en étendant leur action, à réagir utilement, il n'en va plus de même pour l'établissement à la chinoise ou l'émigration de races peu avancées. Cette impuissance explique, sans les justifier pourtant, les voies de fait contre les travailleurs de passage, ainsi que les protestations contre l'admission d'étrangers indigents. Il y a là un problème très délicat, qui paraît appeler, dans les cas graves, l'intervention restrictive des pouvoirs publics.

Il a été beaucoup question ces derniers temps — les manifestations du 1ᵉʳ mai l'ont montré — d'une diminution de durée de la journée de travail. Il faut espérer que les gouvernements, par une entente internationale, pourront un jour seconder ce mouvement qui se recommande à différents titres, mais c'est tout d'abord sur l'association des forces ouvrières qu'il faut compter pour sa réussite, dans la mesure du moins où l'on est autorisé à l'espérer. S'il était besoin d'une preuve à l'appui de notre assertion, nous irions la chercher en Angleterre et en Amérique où, sans que l'État soit intervenu par une réglementation générale, il a suffi de l'union des intéressés pour faire descendre la journée industrielle à un chiffre fort rapproché de celui de la célèbre formule des Trois huit.

Nous n'ignorons pas que différents pouvoirs publics, notamment le gouvernement des États-Unis et ceux de plusieurs des États de l'Union, ont admis la journée de huit heures; mais cette mesure n'a jamais revêtu un caractère général. Elle ne s'appliquait qu'aux travaux exécutés par les administrations en question, ou pour leur compte. C'était sans doute un encouragement donné à la doctrine des Trois huit, mais il y avait pourtant loin de là à ce que réclament les manifestants du 1er mai. Si l'on eût été plus hardi, on risquait de jeter la perturbation dans nombre d'industries en leur infligeant du fait de la réduction de la journée de travail, un renchérissement du prix de la main-d'œuvre, et l'on s'est bien gardé de commettre cette imprudence.

Les syndicats professionnels permettront en outre de relever l'apprentissage, si négligé aujourd'hui que certaines personnes, vaincues sur le terrain des syndicats obligatoires, seraient disposées à demander à l'État de l'imposer. Leur pensée de derrière la tête est de limiter le nombre des apprentis, mais une mesure de ce genre ne peut résulter que du libre consentement des patrons, et non d'une loi.

Ce que nous venons de dire rentre, à proprement parler, dans la législation du travail. Négliger les réformes réalisables par ce moyen ne se concevrait pas.

Directement encore, l'État servira la cause de la classe laborieuse en perfectionnant ses institutions scolaires, car il est partout le grand instituteur. Qu'il fasse donner à la jeunesse des connaissances claires et solides, qu'à une bonne culture générale il allie une instruction professionnelle élémentaire, aboutissant ici ou là à des écoles d'arts et métiers ; qu'il ploie les enfants à la règle du devoir, en même temps qu'il les arme, comme on le dit fort justement, pour le combat de la vie ; en d'autres termes, qu'il veille à ce que l'éducation marche de conserve avec l'instruction, et il fera une œuvre d'un prix inestimable.

Nous comprenons aussi l'intérêt que les gouvernements mettent de plus en plus à faire recueillir par leurs bureaux de statistique ou offices du travail les renseignements intéressant la condition des classes laborieuses. Rien n'est plus propre à éclairer les esprits et à préparer le terrain des réformes futures. L'idée, qui a reçu sa première application en Suisse, d'un secrétariat ouvrier, à la nomination des travailleurs eux-mêmes mais défrayé par l'État, et chargé de poursuivre au moins en partie cette enquête sur la situation de l'industrie, a vivement attiré l'attention. Il faut cependant plus que cela.

Ce qu'il y a lieu de recommander d'une manière toute spéciale, ce sont les conseils permanents d'arbitrage et de conciliation dont l'exemple est fourni par l'Angleterre. Les patrons et les ouvriers y figurent en nombre égal. Les questions de salaire y sont étudiées et, dans ces conditions, le travailleur est tenu au courant de la situation : on lui épargne les surprises qui si souvent l'ont déconcerté et froissé. En cas de conflit, cette juridiction officieuse peut rendre aussi les plus grands services. M. Hector Depasse exprimait le vœu de voir ces organes, dont il signalait les origines dans l'ancienne France, s'élargir encore en chambres de travail et aborder toutes les questions intéressant les groupes qu'ils représentent. Tout ce qui peut fournir un terrain neutre où patrons et employés sont appelés à se rencontrer, doit être recommandé, et l'État est appelé à encourager ces initiatives.

Il y a aussi diverses dispositions de détail qui se recommandent à l'attention. Il n'est pas douteux, par exemple, que la facilité avec laquelle se font en certains pays, les retenues sur le salaire, ne crée aux ouvriers un crédit fâcheux auprès de certaines gens qui les poussent aux dépenses irréfléchies. Autre point. Il faut rappeler avec éloge la loi américaine dite du *homestead*, qui constitue dans certaines conditions spéciales une sorte de bien de famille insaisissable, comprenant le foyer et un terrain adjacent plus ou moins étendu. Autant sur quoi l'hypothèque, si souvent vorace, ne viendra pas s'abattre, sans compter qu'une telle mesure est un puissant incitant à la construction et à l'acquisition de maisons pour ménages modestes. Nous estimons aussi, et nos vœux sont déjà en bonne voie de réalisation, que la loi devrait interdire aux chefs d'industrie de tenir des débits — des débits de boissons alcooliques principalement — dans lesquels ils exploitent plus ou moins leur personnel, et que le paiement de la main-d'œuvre devrait avoir lieu au bureau, et non dans un lieu public, et un autre jour que le samedi.

L'État est donc appelé, selon nous, à opérer de précieuses améliorations sociales. Ici nous nous séparons des libéraux purs qui lui demandent seulement de se faire moins sentir, de supprimer les obstacles qu'il a pu mettre lui-même à une distribution naturelle de la richesse, et de protéger l'exercice des droits individuels. Mais nous ne suivrons pas non plus certaines écoles opposées, à tendance socialiste, dans leurs exagérations laudatives à l'endroit de l'État dont elles font une sorte d'être surnaturel. L'État, une collection d'individus, un parti au pouvoir, n'est pas une entité métaphysique d'une essence invariable, on ne saurait y voir ni une providence, ni un sauveur. C'est la force coercitive, la collectivité qui commande, et son rôle doit se borner aux interventions nécessaires qui ont pour effet de mieux sauvegarder les droits légitimes de ceux dont il est le défenseur naturel.

Quand on parle d'élargir les attributions officielles, il y a un point important à considérer. C'est qu'il ne faut jamais compter sur la sagesse propre de l'État. Faites de bonnes lois, et combinez-les de telle sorte que leur application, même confiée à des hommes très médiocres intellectuellement et moralement, ne puisse avoir de fâcheuses conséquences. Gardez-vous de remettre à ce personnage changeant, incertain, anonyme, qui sera peut-être un jour une coterie rapace et autoritaire, une arme à deux tranchants, pouvant être employée contre les intérêts vitaux de la société. Évitez d'une manière générale et autant qu'il se pourra faire, les mesures qui tendent à l'ériger en entrepreneur industriel ou en négociant, et à accroître ses responsabilités financières, car plus vous lui donnerez d'argent à manipuler et lui laisserez la bride sur le cou, plus vous le sortirez de son rôle d'administrateur mandaté, contenu par des règles fixes, plus aussi vous ferez la part grande aux folies et aux aventures.

A l'heure où nous sommes, le vent souffle à l'accrois-

sement des tâches de l'État dans le domaine économique.
C'est dans l'ordre ; certaines mesures à ne point négliger
avaient été trop longtemps différées , mais on ne tardera
pas à s'apercevoir que les gouvernements, loin d'être
omnipotents , n'ont qu'un champ d'action circonscrit
par des nécessités naturelles , et que l'on ne saurait suivre les meneurs intéressés qui voudraient mettre sa
main, autrement dit la leur, partout où il leur plairait
de s'immiscer.

CHAPITRE III.

COMME QUOI LA QUESTION SOCIALE DÉBORDE
LA QUESTION OUVRIÈRE.

Nous venons de considérer la question ouvrière en tant que partie intégrante de la question sociale. Son importance est extrême, car les travailleurs sont légion ; c'est chez eux que le paupérisme et les plaies morales concomitantes font le plus de ravages, et dans la recherche des réformes plus ou moins distinctement entrevues, ce sont eux qui attirent le plus l'attention, font le plus de bruit et tiennent le plus de place.

Néanmoins une collectivité ne se compose pas uniquement des travailleurs des bras, et encore tous les travailleurs des bras ne sont-ils pas compris dans ce que l'on appelle les classes ouvrières. A côté d'eux se placent une infinité d'autres groupes également intéressants, également aux prises avec des difficultés d'ordre matériel souvent cruelles et dont l'existence se trouve en outre étroitement liée à la leur. Il y a, par exemple, les populations agricoles, le petit commerce, le monde des fonctionnaires et des employés de toute sorte, les petits rentiers parvenus au terme d'une vie de labeur. Il y a même un sexe entier qui a souvent souffert d'un état d'inégalité choquante et d'oppression positive de la part de l'autre sexe.

Nous avons considéré dans le chapitre précédent la question ouvrière, dégagée de ce qui l'entoure. Nous devons nous élever plus haut. Le sujet est immense et nous ne saurions même nous flatter d'indiquer toutes les têtes de chapitre.

Notre sujet est donc : « ce qu'il y a à faire pour améliorer, dans les conditions actuelles de la société en général, tout ce qui appelle des réformes; comment développer le bien-être et la prospérité du plus grand nombre. » Encore ici, nous avons à considérer le rôle des pouvoirs publics et des lois, et c'est par là que nous commencerons.

CHAPITRE IV.

LES LOIS ET LES INSTITUTIONS.

L'État, dans sa triple incarnation de gouvernement national, provincial et municipal, se laisse plus souvent qu'il ne conviendrait monopoliser, emprisonner par des coteries dont le premier objectif est d'exploiter à leur profit, dans un intérêt purement personnel, les prérogatives du pouvoir.

Un parti arrive aux affaires. Le voilà investi du maniement de fonds souvent considérables et qu'il est en position d'augmenter encore au moyen de l'impôt. Aussitôt les appétits malsains de se réveiller. Sont-ils les plus forts, en avant les gros traitements, les plantureuses sinécures multipliées à plaisir, les revenants-bons distribués à la ronde, les déficits, les emprunts et l'aggravation des charges publiques.

Toutefois, c'est toujours au nom du progrès ou de quelque grand principe patriotique que se font ces curées. Il faut renoncer à montrer tout ce qui s'accumule à cet endroit de sophismes grossiers, de petites roueries et de calculs éhontés.

Et qui pâtit de ces prodigalités? Tout le monde, riches et pauvres, les pauvres surtout, quand bien même ils ne seraient pas frappés d'impôts nouveaux. En effet, plus le ménage de l'État devient onéreux, plus le prix des choses augmente. Mais ce n'est pas tout : la vie chère, c'est aussi le renchérissement du prix de la main-d'œuvre et la compétition industrielle rendue de plus en plus épineuse sur le marché international.

Il y a en outre, dans notre vieille Europe, un motif particulier de maintenir les dépenses publiques dans la modération convenable : c'est que les charges administratives s'aggravent des exigences excessives et parfois inévitables de la défense militaire.

Réagir, non seulement contre le gaspillage et l'incurie en matière de finances publiques, mais encore contre l'entraînement aux dépenses, est donc une question qui intéresse au suprême degré le problème social, et s'il nous était permis de rappeler notre modeste essai : *le Contribuable ou comment défendre sa bourse*, nous dirions que c'est tout d'abord à ce point de vue que nous nous sommes placé.

Mais de contraindre les gouvernants à ne dépenser que les sommes réclamées pour les besoins du pays n'est pas assez. Il faut encore se demander si l'assiette de l'impôt est sagement établie.

Or, presque partout, le régime fiscal s'est formé plus ou moins au hasard des circonstances ; aussi peut-on voir s'y perpétuer les plus choquants abus.

Nous relèverons d'abord la place énorme faite aux impôts indirects, et particulièrement aux impôts de consommation (prélevés par les douanes ou autrement) lesquels pèsent plus, à proportion, sur les classes pauvres que sur les classes aisées, et qui ont en outre le tort grave de se dissimuler plus ou moins, en sorte que ceux qui les acquittent ne se rendent pas un compte exact de leur importance. Cela étant, les gouvernements peuvent les élever sans trop de peine, et ils ne manquent pas de profiter de la latitude.

L'impôt normal, vers lequel il faut tendre, c'est l'impôt direct sur la totalité du revenu, qu'il provienne de la fortune particulière ou du gain professionnel : un économiste l'a justement appelé la contribution de l'homme libre.

Mais comme de longtemps on ne pourra renoncer entièrement aux impôts indirects, du moins que l'on s'applique à les rendre moins absurdes. Il y a quelques années, un de nos amis, en Suisse, achetait un morceau de terre, du prix de 416 francs, et payait 52 francs comme émoluments de notaire et droits à l'État ; à la même époque, au Canada, un autre de nos amis vendait un immeuble de la valeur de 100,500 francs, ce qui entraînait 2 fr. 50 de frais. L'écart est sensible. Or, contrecarrer les transactions immobilières, c'est faire tort à beaucoup de gens : à ceux qui auraient avantage à vendre ou à acheter, aux gens de métier qui, au moment du changement de main, exécuteraient les réparations et transformations qu'une propriété subit presque toujours en pareil cas. Convient-il, pour les beaux yeux du fisc, de diminuer une pareille source de profits.

Sur cette question, comme sur celle qui va suivre, l'ouvrage du regretté Bovet-Bolens sur l'*Avenir économique de la Suisse* doit être recommandé, en Suisse et même au dehors.

Dans la réforme fiscale rentre la réforme douanière. Impossible de douter qu'une notable partie des souffrances de notre temps ne dérivent du régime faussement qualifié de protecteur. Régime injuste, puisqu'il tend à découvrir saint Pierre pour couvrir saint Paul, à encourager arbitrairement certaines branches d'activité au préjudice d'autres intérêts tout aussi respectables. Régime illusoire, car sous couleur d'améliorer la situation industrielle, il tend le plus souvent à la déprimer. Régime dangereux, car il tente les hommes d'État, qui n'ont jamais assez d'argent, en leur fournissant les moyens de s'en procurer trop aisément.

Il est vrai que dans ce domaine nous assistons à une véritable guerre de tarifs, et que chaque pays se trouve plus ou moins contraint de s'armer contre ses voisins. N'importe; il y a là un mal qui, de façon ou d'autre, demande réforme. Il faut améliorer ce qui peut l'être, tirer tout le parti possible des traités de commerce, affranchir les articles de première nécessité dont tout le monde vit, garder la mesure. L'idée d'une union libre-échangiste entre nations ayant des intérêts harmoniques, a été soulevée par de bons esprits — outre M. Bovet-Bolens déjà cité, M. de Molinari, M. Numa Droz. Il y a là une combinaison à ne pas perdre de vue.

Passons à ce qui regarde la justice. Les tribunaux d'abord sont-ils véritablement organisés en vue d'assurer le triomphe du droit? Sont-ils faits pour le pauvre comme pour le riche, et un homme à ressources modestes pourra-t-il y faire valoir ses droits, s'il a contre lui une partie entourée de toutes les lumières que l'on peut se payer à prix d'argent, connaissant tous les détours du prétoire, et résolue à lasser sa patience? La politique n'y dicte-t-elle pas souvent des arrêts, par suite surtout d'une insuffisante division des pouvoirs? N'ont-ils pas conservé de ces lenteurs proverbiales que le vieil Hamlet comptait déjà en son temps, parmi les misères de la vie? N'abondent-ils pas en artifices de procédure dignes d'un autre âge, et n'est-ce pas là surtout que la lettre tue l'esprit? Ne dirait-on pas parfois qu'ils ont été institués bien plutôt dans l'intérêt des interprètes du code et des membres du barreau, que pour l'avantage du public?

Des réformes judiciaires aux réformes juridiques et législatives, il n'y a pas loin.

Nous parlions tout à l'heure de l'inégalité du riche et du pauvre devant les tribunaux; elle est aussi criante devant certains codes. Exemple. Un malheureux affamé et à peine vêtu vole un pain ou un vieil habit : il est arrêté, jugé, condamné, flétri, et ce n'est pas long. Mais voici un aigrefin, vieil usurier ou jeune viveur qui détourne des sommes importantes; il détient cet argent pendant de longs mois; or, au moment où le cas va être déféré au juge, sous la menace d'une condamnation infamante, il se décide à restituer le fruit de son vol bien caractérisé. La plainte déposée est alors retirée, l'action pénale abandonnée, et ce personnage taré s'en tire. Il lui reste sa vilenie, le mépris qu'il peut inspirer, mais il n'en conserve pas moins son rang dans la société de ce que l'on est convenu d'appeler les honnêtes gens.

Il se commet à journée faite des actes délictueux au point de vue du droit naturel, et qui demeurent impunis. Conçoit-on qu'en des pays qui se piquent d'appartenir au monde civilisé le jeu se pratique notoirement, dans des établissements qui en vivent, et qui pourtant se laisseraient aisément reconnaître à la démoralisation, aux catastrophes financières, aux suicides qui font tache tout autour. Si une action internationale est nécessaire pour mettre fin à ce scandale, il convient d'aller jusque là.

Mais on ne joue pas que dans les tripots. On joue à la Bourse, où se contractent une quantité de marchés dans des conditions qui n'ont rien de commun avec les transactions commerciales ordinaires. Aux dépens de fortunes honnêtement acquises et honnêtement gérées, certains spécialistes opèrent sur différences, font la hausse et la baisse, et préparent des krachs qui amènent des crises prolongées dont la population tout entière est appelée à souffrir. Tous les socialistes demandent des mesures répressives. Nous inclinons à croire que malgré la difficulté du problème, quelque chose pourra se faire le jour où on le voudra sérieusement : les marchés à terme, dans certaines conditions criminellement aventureuses, nous paraissent appeler tout particulièrement les rigueurs de la loi. Ce n'est pas sans une vive satisfaction que nous avons vu en ces derniers mois plusieurs gouvernements, notamment en Suisse, s'occuper de ce problème.

On connaît aussi ces syndicats d'accaparement — les

trusts des Anglais et des Américains — dont l'objet est de réaliser de gros bénéfices en faisant main basse sur certains produits existant généralement en quantité limitée.

Ce genre de spéculation n'est pas sans danger pour la prospérité publique. C'est le pendant des jeux de Bourse. Mais quand le jeu n'aurait pas sa part dans ces opérations, il n'en resterait pas moins qu'elles constituent une sorte de ligue contre l'intérêt général, et que la société doit chercher à s'en défendre. Les lois contre les accaparements ne répondent plus aux besoins de notre époque; qu'est-ce à dire, sinon qu'il faut les adapter aux circonstances nouvelles? La tâche est des plus délicates. Il nous souvient pourtant que le président Cleveland, lors de son premier séjour à la Maison Blanche, se prononça en faveur d'une législation spéciale sur les *trusts* aux États-Unis, et cette thèse a été reprise par un publiciste américain, M. John Bonham, dans un intéressant ouvrage : *Industrial Liberty.*

Signalons en passant cette disposition de la loi anglaise qui limite à 10 0/0 le dividende qu'une compagnie de gaz peut distribuer à ses actionnaires, et affecte le reste des bénéfices à réduire le prix du gaz. N'y a-t-il pas là une défense heureuse de l'intérêt général et qui mérite d'être étendue à des cas similaires.

En dehors des abus qui viennent de nous arrêter, il en est d'autres qui y confinent et qui ne sont pas toujours surveillés d'assez près. Nous pensons à ces entreprises qui vivent de profits illicites et qu'on laisse marcher des mois, des années même, jusqu'à ce qu'un gros scandale décide l'autorité à agir contre elles ; nous pensons aussi à toutes ces loteries qui viennent, même de l'étranger, nous inonder de leurs prospectus. Aux États-Unis, la loterie est interdite, encore qu'elle aurait un but philantropique ; en Europe les gouvernements, d'ordinaire, sont à son endroit d'une tolérance coupable, qui s'explique d'ailleurs par l'usage qu'ils en font à leur profit, pour allécher les prêteurs. Les valeurs à lots ne sont pas le seul péché à confesser ici ; il y a beaucoup plus : en divers pays les gouvernements se font eux-mêmes entrepreneurs de loteries. Et il faut encore nommer, dans l'ordre de faits qui nous occupe, les paris sur le turf et les poules de tout genre, véritables agents de démoralisation qu'il y aurait lieu de surveiller de plus près que ne le font en général les pouvoirs publics.

Il n'est pas, certes, que nos lecteurs ne connaissent aussi le cautionnement et ses conséquences déplorables. Autant il serait insensé de songer à l'interdire quand il se présente dans de certaines conditions commerciales régulières et bien déterminées, autant il nous paraît impossible de le légitimer sous toutes ses formes actuelles.

Voici un jeune homme laborieux, qui prépare modestement son avenir. Un jour il reçoit la visite d'un homme de loi quelconque, qui lui demande sa signature. Une simple formalité affirme ce dernier ; il n'est question, peut-être, que d'accorder à un père gêné le temps de se libérer envers ses créanciers, et la chose, affirme le solliciteur, ne présentera aucune difficulté. Le lendemain le jeune homme apprend qu'il a disposé

à son insu de toutes ses économies, et même que le
fruit de son travail à venir ne lui appartient plus en entier. Combien d'actes dans la vie civile qui sont loin
d'avoir la portée de l'acte juridique auquel nous faisons
allusion, et qui pourtant demeurent entourés d'une
série de formalités destinées à sauvegarder l'indépendance individuelle, à éclairer le jugement et à permettre
la réflexion? Serait-ce exiger trop, en considérant les
ravages opérés par le cautionnement, véritable fléau en
certaines contrées, que de demander à l'État, d'abord
de cesser d'y recourir dans les transactions où il figure
lui-même comme vendeur et où il le fait intervenir sans
sérieuse nécessité, et ensuite d'en accompagner l'emploi
d'une procédure de sauvegarde : comparution devant
notaire, exposé clair et précis des obligations assumées,
lenteurs voulues dans les formalités à remplir, ou toute
autre précaution si l'on trouve mieux?

Il y a en tous cas ici une réforme de premier ordre à
effectuer. L'autorité est tenue de prévenir les engage-
ments imprudents. Et si, tout bien examiné, il était acquis — ce qui est fort loin de notre pensée — que l'on
ne peut rien faire dans le domaine légal, nous regarde-
rions ailleurs, sans tenir encore la partie pour perdue.
Nous ferions appel à toutes les influences morales, à
l'école, à l'Église, à la presse, pour combattre une pratique qui peut continuer à ruiner des innocents, à dé-
soler des familles entières, à annuler le profit de lon-
gues années de travail et d'épargne, et même, en certains
cas, à reconstituer, en notre siècle de liberté, une catégorie de forçats et de galériens.

* *

Certes la législation civile et commerciale a fait une belle avance depuis l'époque de la contrainte par corps. Ce n'est pas à dire cependant qu'il n'y ait encore, un peu en tout pays, bien des progrès à accomplir. Ainsi la procédure relative à la poursuite pour dettes donne lieu à de fréquentes réclamations. On voit souvent des saisies produire tout juste de quoi payer les frais qu'elles entraînent; elles n'ont d'autre résultat que de mettre quelqu'un sur la paille : n'y a-t-il pas mieux à faire?

Le commerce est aussi grandement intéressé à ce que l'État, en se chargeant du service des postes, messageries, télégraphes ou téléphones, renonce à en faire un moyen de fiscalité et facilite les communications, tant par leur bas prix que par l'absence de formalités inutiles.

L'épargne est un objet de sollicitude de la part des pouvoirs publics, et ils ont raison de créer des établissements de tout repos pour la recevoir; mais laisser à l'État l'usage des capitaux qui s'y accumulent, c'est l'inciter à la dépense. Il y aurait lieu également de rechercher les moyens de faire concourir cet argent — sans se départir d'ailleurs des règles de la plus sévère prudence — soit à la production nationale, soit à des créations propres à améliorer le sort des déshérités, comme la construction de logements à bon marché. Nous avons entendu dans un des congrès rattachés à l'exposition de Paris, M. Eugène Rostand, directeur da la caisse d'épargne des Bouches-du-Rhône, présenter dans ce sens des considérations d'une haute portée, mais il n'est pas encore arrivé à gagner à une idée si juste, l'oreille d'une majorité au sein des chambres de son pays : il semble cependant que nous sommes assez près d'aboutir à un premier résultat, encore modeste, de cette campagne entreprise au nom du bon sens et d'intérêts de l'ordre le plus relevé.

Que dire de la façon dont parfois l'État organise les institutions de crédit, ainsi que de celle dont il entend le crédit public lorsque, pour se faire prêter à un taux avantageux en apparence, il emprunte très au-dessous du pair, ce qui écarte toute velléité de remboursement? Tout cela est encore assez loin de la perfection.

*
* *

Nous ne sommes pas, d'une manière générale, pour une extension des attributions de l'État, et nous estimons que l'on pourrait, dans plus d'un cas, le décharger avec profit de certains services qui constituent pour lui de lourdes charges matérielles et morales. C'est ainsi que nous lui ôterions sans hésiter les responsabilités qui lui incombent du fait du théâtre. L'art dramatique survivra au retrait de ses subventions : plusieurs pays du nouveau monde sont là pour le prouver. Par une évolution qui nous paraît irrésistible; l'entretien des Églises reconnues finira aussi par lui être enlevé.

Mais il doit se développer encore dans une autre direction. Son rôle, par exemple, au point de vue de la salubrité et de la sécurité publiques, a été décidément trop effacé. Certains propriétaires louent à des êtres humains des taudis qui, il est vrai, leur rapportent gros, mais si infects, si malsains, qu'ils hésiteraient à y loger leur cheval ou un chien de prix. Il se vend des articles de consommation qui ne sont rien moins que du poison. La lutte contre l'alcoolisme n'a nulle part obtenu des autorités constituées tout l'appui désirable. De fréquentes catastrophes nous montrent à quel degré la vie humaine est livrée à l'incurie des uns, au lucre des autres. Nous avons souvent rêvé d'un ministère ou département spécial de la sécurité publique. Chaque année des travailleurs se tuent en réparant des toits ou en posant des stores et risquent dans leur chute, de faire des victimes; de petits enfants tombent par des fenêtres où un simple barreau eût suffi pour les retenir : des bateaux chavirent et des ponts s'écroulent. Il y a là une grave lacune : une surveillance rigoureuse diminuerait le nombre de ces accidents.

Toutefois, il nous paraît que c'est surtout du côté de l'école que l'État est appelé à élargir son champ d'action. L'enseignement supérieur a chaque jour des exigences plus grandes, et quand il s'agit des autres degrés d'instruction le besoin de réformes et de sacrifices nouveaux est encore plus sensible et plus pressant.

L'enseignement technique se spécialise et se dédouble sans cesse; dans l'enseignement secondaire, les études « réales » ou, si ce germanisme effraie, les études modernes et pratiques, réclament la place qui leur est due, à côté de l'instruction plus proprement classique et philosophique. Enfin, l'enseignement professionnel élémentaire, qui ne fait guère que de naître, répond à une impérieuse nécessité, et doit forcément se développer.

Au milieu de toutes ces transformations, il convient que l'État ne procède qu'avec sagesse, et échappe aussi bien à la routine qu'à la fièvre du changement. Combien il est nécessaire qu'il s'inspire des vrais intérêts du pays, et non des opinions de telle ou telle coterie bien en cour !

Toutes les questions qui se rencontrent ici : organisation des établissements scolaires, discussion des méthodes et fixation des programmes, soin donné au sport et aux exercices physiques, sans lesquels l'école peut devenir, ce qu'elle est malheureusement encore en nombre de lieux, un séjour meurtrier aux élèves, ce sont là des questions sociales au premier chef, car quoi de plus important que de savoir sous quelle discipline vont grandir les générations nouvelles?

Selon nous, l'État qui, par la force des choses, est devenu le principal instituteur de la jeunesse, ne remplira bien son mandat qu'à cette condition de permettre aux parents des élèves et au public instruit en général, hommes de science ou d'expérience, hygiénistes, amis de la jeunesse et de leur pays, de coopérer directement à la marche des études, et cela en leur accordant une représentation prépondérante dans les corps scolaires. C'est à ce prix que la politique, qui a fait tant de mal à la cause de l'instruction, cessera de s'ingérer dans un domaine appartenant à la nation avant d'être le sien.

Une autre école, hélas ! dont il faut s'occuper, c'est la prison. Le système pénitentiaire actuel, pour être en progrès, répond-il aux exigences d'une civilisation avancée? Prépare-t-il les détenus à reprendre leur rang dans la société? Et que dire de la légèreté inqualifiable avec laquelle, trop souvent, la justice inflige des condamnations pénales à des adolescents qui garderont toute leur vie le stigmate de cette flétrissure, et que l'on pousse ainsi dans une voie fatale? Les maisons de correction et les colonies agricoles ont une grande mission à remplir.

Ce serait ici, nous semble-t-il, le lieu de rechercher si l'émigration ne devrait pas être employée plus souvent comme moyen de relever les récidivistes, — un changement de milieu a souvent les plus heureuses conséquences — et la déportation proprement dite réservée pour les cas d'une exceptionnelle gravité.

L'État restera aussi dans son rôle d'éducateur des masses, en proscrivant et les spectacles cruels, tauromachies, pugilats, etc., et les œuvres littéraires ou artistiques obscènes.

Nous glisserons, bien à regret, sur l'assistance officielle et les établissements hospitaliers, où il y aurait cependant des améliorations si sérieuses à apporter. Il faudrait, en particulier, veiller d'un côté, à la création de ressources suffisantes pour faire du bureau d'assistance, autre chose qu'un trompe-l'œil; de l'autre, à l'utilisation, dans les services d'infirmerie, de personnes obéissant à une vocation véritable, voire même nettement religieuse, sous la réserve expresse que la conscience des malades sera scrupuleusement et effectivement mise à l'abri des entreprises de propagande.

****

La liberté individuelle est un puissant agent de vie et de progrès; où en est-elle?

Nous pourrions nous arrêter d'abord à la liberté religieuse, professée, sans doute (car l'intolérance n'est plus soutenable en théorie), incorporée officiellement au droit public, mais si souvent méconnue dans la pratique. Il y eut une époque où l'État se faisait le représentant d'une idée théologique ou ecclésiastique, et traitait de Turc à More ceux qui pensaient autrement que lui. Ce temps n'est plus. Mais il est à la fois curieux et triste de devoir constater combien les hommes ont encore de peine à admettre la liberté de conscience et celle de propagande, son corollaire inséparable, sous le palladium des lois édictées pour tout le monde. Il faudrait pourtant se faire à cette idée, et celui-là n'est pas un ouvrier de réforme sociale à la hauteur de la tâche qui n'a pas compris que défendre la liberté de penser est le premier devoir d'un gouvernement ambitieux de former des citoyens, et non des sujets ou des hypocrites.

Nous arrivons à la question du féminisme, car si quelqu'un est fondé à se plaindre de la façon dont la liberté individuelle est comprise, il nous semble que c'est, avant tout autre, la femme.

Nous ne dirons rien de l'arbitraire avec lequel certaines carrières lui ont été longtemps fermées. Ne lui a-t-on pas disputé même le droit de s'instruire à sa convenance? Mais les portes s'ouvrent peu à peu devant elle, le branle est donné.

Nous entendions un jour M. Frédéric Passy relever avec force, dans une conférence publique, ce fait bien connu que, dans le mariage, si aucun contrat particulier n'est intervenu pour réserver expressément à la femme la propriété de son apport, celui dont elle a pris le nom en peut disposer à son gré. Mais la réciproque n'est pas admise. Voit-on la femme engageant le bien de son mari sans l'aveu du principal intéressé?

Il y a quelque chose de bien plus fort encore que cela, et tout aussi fréquent, du moins dans notre vieille Europe. Nous voulons parler de cette monstrueuse disposition légale qui peut avoir pour effet de priver une femme du produit de son travail, car son mari, fût-il un ivrogne, pourra venir s'en emparer malgré elle. Qu'après cela, en nombre de lieux, on lui refuse aussi de témoigner en justice ou de devenir tutrice d'enfants autres que les siens, ce ne sont plus que minimes détails.

Il est clair — et il suffit de réfléchir quelques instants à ces anomalies pour s'en convaincre — que la législation qui nous régit est l'œuvre du sexe fort qui n'a pas été toujours le sexe juste, qui ne devient juste que très lentement. En vertu de la maxime que charité bien or-

donnée commence par soi-même, il s'est fait la part du
lion.

Arrêtons-nous à l'un des dénis de justice les plus
criants. Au nom de l'hygiène publique, mais au mépris
de l'hygiène morale, l'État participe en plusieurs pays,
implicitement tout au moins, à l'organisation de la dé-
bauche. Il prétend la canaliser et, en tous cas, il la
réglemente, ce qui est aussi la sanctionner. Il met la
femme hors du droit commun, estimant avec tant d'honnêtes gens, hélas ! que ces choses-là se peuvent, et il
charge ses agents de surveiller le libertinage patenté.
Jolie besogne, et qui devrait le faire réfléchir !

Les nations anglo-saxonnes ont eu l'honneur de s'élever les premières contre ce scandale. Aux États-Unis,
une seule ville, Saint-Louis, a fait pendant quelques
années l'essai de ce système. Le résultat a été la corruption du monde officiel attaché au service des mœurs,
et aujourd'hui, nous a-t-on assuré, toute tentative de
revenir au système condamné serait refoulée par la
presse et les Églises de tout nom, unanimes. La santé
publique n'a pas paru souffrir de la suppression de ce
contrôle, et d'ailleurs il n'y a pas de considération d'hygiène qui puisse tenir contre la simple morale.

Sans aborder la question de la recherche de la pater-
nité, nous croyons pouvoir nous scandaliser du fait suivant, vrai dans nombre de milieux. Un homme a positivement reconnu (les témoignages existent mais il n'est
même pas besoin de se procurer d'autres preuves, car
il reconnaît encore être le père d'un enfant illégitime) ;
mais il en laisse toute la charge à la mère : à elle de

s'en tirer comme elle peut. Et la loi se refuse à contraindre cet être dénaturé à remplir, lui aussi, son devoir.

Les droits politiques de la femme ne sont plus une utopie, puisqu'ils sont aujourd'hui reconnus et exercés dans différents territoires du *Far West* américain, ainsi que dans quelques provinces de l'Australie.

Nous comprenons que l'on balance à consacrer la femme citoyen, mais, sans aller jusque-là, n'y aurait-il pas lieu de lui étendre, dans certains cas, le droit de suffrage? Une femme actionnaire d'une compagnie financière, participe à la formation du conseil d'administration; pourquoi une femme propriétaire dans une commune, surtout si elle est veuve ou non mariée, ne serait-elle pas admise à coopérer à la nomination des autorités locales qui sont, avant tout, des corps administratifs? Gageons que quelques profonds raisonneurs vont nous opposer que tout cela est bon pour l'Amérique, mais que nous sommes en Europe. Erreur, car tout bien considéré, à part deux ou trois États qui ont fait de la femme l'égale politique de l'homme, il s'en faut de beaucoup que l'Union américaine ait été aussi loin que la conservatrice Angleterre. Le champion par excellence du féminisme américain, miss Frances E. Willard, le constatait l'autre jour en ces termes dans un journal de son pays (*The Independent* New-York, 15 août 1895) : « Depuis vingt ans les femmes anglaises contribuables votent dans les affaires communales aux mêmes conditions que les hommes, et au cours de l'année dernière, le *Parish Councils Bill* a étendu la franchise électorale à plus de 500,000 nouvelles électrices, en sorte qu'il ne leur manque plus que l'accès aux scrutins parlementaires. » On sait peut-être aussi que, depuis longtemps, la femme anglaise a voix au chapitre dans la formation des conseils d'écoles.

Est-il normal que dans certaines Églises protestantes — les autres Églises échappent ici à la tutelle des lois — la femme soit déchue de tout droit? Son âme est-elle donc d'une étoffe si inférieure à celle de l'homme, que celui-ci ait seul qualité pour nommer un conducteur spirituel ou les membres d'un consistoire?

On comprendra maintenant pourquoi, en traitant de la législation du travail, nous avons manifesté quelque crainte à l'endroit de la protection que l'on est désireux de ménager à la femme. Si l'on devait se borner, sans autre, à réduire sa journée, c'est-à-dire aussi son gain, le service rendu serait douteux. Mais, de la part de l'homme, elle peut s'attendre à bien des choses.

Immense, vitale question que celle qui nous occupe ici. Relever la femme, c'est hausser le niveau moral de la société; la mépriser, c'est se mépriser soi-même. La situation qu'elle obtient est comme le baromètre de la civilisation.

Aux personnes qui désireraient voir plus clair dans ces questions, nous recommanderons, outre le livre classique de John Stuart Mill, l'*Assujettissement de la femme*, les travaux sur la matière de Charles Secrétan, ainsi que les ouvrages de MM. Louis Bridel et Louis Frank. Ils verront que la moitié du genre humain est loin encore d'être partout au bénéfice des principes de droit public acquis à la conscience moderne.

***

Si l'on s'occupe trop peu du sort de la femme, il semblerait du moins que celui de la famille, cette première assise, se plaît-on à répéter, de l'édifice social, dût tenir fort à cœur : il est pourtant permis de douter que l'on fasse tout ce qui serait nécessaire pour sa prospérité et sa cohésion. Le foyer, que les Américains ont mis au bénéfice de la loi du *homestead,* qui lui confère l'insaisissabilité, est-il chez nous protégé comme il conviendrait? C'est ce que nous nous sommes déjà demandé, et nous ajoutons : le divorce, que nous ne combattons pas en principe, est-il partout appliqué normalement?

Les droits successoraux en ligne directe, surtout quand il s'agit de petites fortunes, ne devraient-ils pas être réduits au minimum? Pour se dédommager, l'État frapperait plus lourdement les degrés de parenté éloignés, que nous n'y verrions pas de mal, car, à de grandes distances, le bien familial n'est guère autre chose qu'une fiction. On serait même fondé, ici ou là, à cesser de reconnaître certains degrés aujourd'hui successibles.

Le Play et son école préconisent la liberté testamentaire; M. Glasson et d'autres sociologistes s'inspirant de la pratique introduite dans le Code civil espagnol, ont proposé un moyen terme, tendant à augmenter la quotité disponible. Bien que nous n'éprouvions que peu de faible pour ces réformes, qui offrent du *pour* et beaucoup de *contre* — nous semble-t-il — nous les jugeons dignes d'un sérieux examen.

Et, à propos de la famille, la puissance paternelle n'abrite-t-elle pas parfois des abus révoltants? N'est-il pas des pères indignes que l'on se gêne trop de destituer de leur droit de tyranniser et d'exploiter odieusement leurs enfants?

CHAPITRE V.

LES ORGANES POLITIQUES.

Le triomphe des diverses améliorations que nous avons signalées dépend, pour une forte part, d'un perfectionnement des formes et des rouages politiques. Trop souvent les aspirations populaires les meilleures viennent se briser contre l'immobilisme des hommes au pouvoir, qui ont intérêt à rester dans la routine. Que faire?

Tendre de plus en plus à la démocratie, au gouvernement du pays par le pays. Le referendum généralisé et le droit d'initiative sont à nos yeux deux nécessités.

Mais les réformes de cette nature n'ont guère qu'un intérêt transitoire. Il en est une autre qui réalisera presque entièrement, à elle seule, la vérité dans la démocratie. Nous voulons parler de la représentation proportionnelle, qui aura son jour en Europe et ailleurs, car elle a commencé son tour du monde, et ce n'est pas sans fierté que nous rappellerons la fondation à Genève, il y a quelque trente ans, sous l'inspiration de M. Ernest Naville, de la première association pour la propagation de cette grande idée.

Le système électoral actuel crée entre les citoyens des divisions factices, grosses de haines, parce qu'il a pour effet de les parquer en deux camps. Il favorise l'exclusion des minorités et le despotisme des majorités, en sorte qu'avec lui, la politique, au lieu d'être conduite dans l'intérêt du pays, gravite autour des ambitions des partis et devient souvent une école de perversion et de scandale : le mot n'est pas trop fort. C'est cet état de choses qu'il faut faire cesser. Voir sur cette réforme des réformes, *la Représentation proportionnelle, études de législation et de statistiques comparées*, ouvrage publié par les soins de la Société française présidée par M. George Picot.

Aux divers points de vue que nous venons d'indiquer, la Suisse offre en ce moment une expérimentation bien digne d'être étudiée de près. L'un de ses anciens présidents, publiciste distingué, M. Numa Droz, écrivait en 1874 « La Suisse fait certainement l'essai le plus grandiose qu'une république ait jamais tenté : celui de remettre à un corps électoral de plus de six cent mille têtes la décision souveraine en matière législa-tive. » Et M. Droz ajoutait : « Si l'essai réussit nos descendants pourront se glorifier d'avoir franchi les premiers une des plus grandes étapes de la civilisation et du progrès politique. » Depuis 1874, la démocratie directe décrite dans ces lignes s'est encore élargie; mal-gré certains à-coup, il est permis d'affirmer que les résultats obtenus sont des plus rassurants, et l'on peut bien augurer de la suite.

Nous attachons aussi une importance particulière aux progrès dans la décentralisation; nous estimons en par-ticulier que le « local option » qui aux États-Unis per-met à des circonscriptions restreintes, de statuer, pour leur compte et sans conséquence pour d'autres communautés, sur la question de l'alcoolisme, ne devrait pas demeurer le privilège exclusif des Anglo-Saxons.

Indépendamment de toutes ces réformes, certaines personnes estiment que le suffrage universel doit être modifié en ce sens qu'un chef de famille, par exemple, ou, dans les questions administratives, un électeur payant l'impôt, aurait une puissance électorale plus forte qu'un autre. C'est affaire à examiner.

Dans les considérations qui précèdent, nous ne sommes pas sortis des limites de la nation. Nous sommes allés aux réformes les plus proches, mais il est imposside ne pas jeter un coup-d'œil par-dessus les frontières des États.

Il importe de fortifier les relations entre peuples, de nouer les mille liens du commerce, de la politique, de la science, de la pensée, pour tout dire de la fraternité. Quels obstacles ne créent pas, à ce point de vue, le cordon des douanes, et surtout le militarisme, qui a pris à notre époque un développement si anormal et contribué, plus que toute autre cause, à enrayer la diffusion du bien-être !

Un mot de recommandation, ici, en faveur d'une pratique toujours plus large des arbitrages internationaux.

Nous nous arrêtons. La tâche qui se dresse devant les amis du progrès est tout simplement colossale. Et nous ne sommes pas au bout.

Il nous reste encore à parler des initiatives privées. Nous devrons en outre montrer où est le ressort qui mettra le monde social en mouvement.

CHAPITRE VI.

L'INITIATIVE PRIVÉE.

Nous avons considéré l'intervention de l'État en faveur de la classe ouvrière, puis les réformes dans les lois et les institutions; nous devons montrer maintenant la part de l'initiative privée dans la réforme sociale.

Si privée soit-elle d'ailleurs, il n'est pas interdit aux autorités de l'appuyer dans certains cas, soit de leur concours matériel, soit de celui de la législation, ou simplement de leur sympathie.

La tâche qui va nous occuper a deux faces : l'une est ce que nous appellerons l'activité personnelle, l'autre l'activité sociale.

L'activité personnelle embrasse tout ce que l'homme est appelé à faire dans son intérêt propre ou dans l'intérêt des siens.

La première chose qui lui est demandée, c'est de travailler.

La société ne vit qu'en agissant. Il se poursuit par conséquent en son sein un travail sourd, continu, fatal, et profitable à tous. Nous avons parlé de l'heureuse révolution accomplie dans la vie moderne par l'utilisation de la vapeur; mais le progrès scientifique nous réserve sans doute encore d'innombrables merveilles. Quels services ce seul homme, Edison, ou cet autre génie Pasteur, n'ont-ils pas en ces dernières années rendus à l'humanité! Le transport de la force motrice par l'électricité est de date fort récente : qui dira ce qui en pourra sortir et si cette découverte n'aura pas peut-être un jour pour effet de diminuer les entassements de population qui, en certains centres industriels, amènent tant de souffrances et de démoralisation? Il est hors de doute que les petits moteurs rendront aux industries domestiques et à la vie de famille un service immense. Le machinisme moderne continuera de faire descendre dans les milieux modestes des objets réservés précédemment au classes aisées; l'hygiène et la médecine de plus en plus préviendront et soulageront les maux du corps. Le monde terrestre lui-même recule ses frontières. De nouveaux continents sortent de la nuit; à cette heure l'Afrique entre sur la scène, offrant un champ d'émigration ji des débouchés susceptibles de changer profondément la face de la vieille Europe.

Mais nous n'avons pas uniquement à laisser faire et à profiter du travail collectif dont nous sommes les témoins ou les collaborateurs inconscients; il faut encore que chacun acquitte son tribut personnel, déploie son effort propre.

Travailler, c'est produire, c'est créer des forces matérielles, intellectuelles ou morales, ou procurer des choses utiles; c'est grossir le patrimoine de l'humanité. Un oisif, dépensât-il cent mille livres de rentes, n'ajoute rien au capital social, tandis que le laboureur qui fait pousser un brin d'herbe où il n'y avait que du sable aride, l'augmente quelque peu et gagne 'e pain qu'il mange.

Si le travail, sous ses innombrables formes, est pour tout homme une loi, pour les classes peu aisées, il s'impose doublement : elles ne sauraient transformer leur condition que par lui. Or, il est malheureusement bien des gens qui le fuient, qui n'y mettent aucune conscience, aucune suite, et cherchent l'amélioration de leur état partout ailleurs.

Mais comme travailler n'est pas seulement s'acquitter de sa besogne professionnelle, que c'est aussi développer ses facultés, étendre ses connaissances, perfectionner ses aptitudes techniques, il s'ensuit que l'activité qui nous occupe ici est illimitée.

Cependant pour que le travail porte tous ses fruits, il faut y appliquer le principe de l'association, car la concentration de l'effort décuple les énergies individuelles.

C'est en se groupant que les ouvriers et les patrons réuniront de part et d'autre leur *summum* de puissance, et débattront avec avantage leurs intérêts respectifs.

Mais quoi, dira-t-on peut-être, liguer employeurs et employés, les mettre en face les uns des autres, n'est-ce pas ranger deux armées en bataille?

Nous estimons, tout au contraire, que des corps organisés, avec une responsabilité à porter, des intérêts considérables à sauvegarder, seront autrement sages et prudents que des comités sans mandat, souvent occultes, et qu'il sortira de ce contact régulier entre gens ayant besoin les uns des autres, une règle, une tradition, un mode de vivre consacré et respecté. Nous ne voyons pas de plus sûr moyen de combattre les grèves, les violences et l'arbitraire, d'où qu'ils proviennent.

Nous avons déjà marqué au cours de cette étude l'utilité des syndicats ouvriers. Ils serviront de centre à diverses initiatives d'une suprême importance. On verra s'y greffer des sociétés de coopération, de prévoyance, d'éducation professionnelle (poursuivant en particulier le développement de l'apprentissage, au sujet duquel nous nous faisons un plaisir de signaler en passant une intéressante brochure : *La Question des apprentis*, par M. A. Le Cointe, de Genève). Bien d'autres organes poursuivant des buts variés : hygiéniques, récréatifs, etc., pourront venir encore s'appuyer à ces mêmes syndicats.

D'éminents penseurs, desquels John Stuart Mill, ne voient le salut du prolétariat que dans l'avènement du travail coopératif; mais l'expérience a surabondamment démontré que ce mode d'opérer ne réussira qu'à la condition de partir directement des travailleurs eux-mêmes, et de se poursuivre à leurs périls et risques.

La coopération productive se heurte encore à des difficultés qui ne lui permettront pas de se généraliser de sitôt. A l'inverse, la coopération distributive, c'est-à-dire l'association en vue de se procurer dans les meilleures conditions de qualité et de prix, les objets nécessaires à la vie, est d'une application aisée, et elle doit être considérée comme une excellente discipline pour le développement de l'esprit d'entente, donnons-lui son vrai nom : de l'esprit coopératif.

Peut-être verrons-nous une fois se réaliser ce rêve de quelques nobles pionniers — lire là-dessus les remarquables conférences de M. Charles Gide : — les travailleurs créant des magasins coopératifs dans lesquels les bénéfices, au lieu d'être distribués en dividendes, serviraient à essayer la coopération de production. Quoi qu'il en soit, la coopération est pour tous, et particulièrement pour les petits, la grande force de l'avenir.

Les syndicats de patrons porteront aussi, de leur côté, des fruits considérables; ils multiplieront les efforts concertés pour la défense, à tous les points de vue, des intérêts industriels et commerciaux.

Dans les campagnes, les syndicats agricoles bien entendus rendront d'inappréciables services : l'expérience en a été faite avec les « fruitières » qui existent en différentes contrées, et dont on aurait peine aujourd'hui à se passer. L'association, en faisant bénéficier les cultivateurs, même les plus modestes, de certaines machines expéditives, serait le moyen de livrer à la grande culture certaines terres où la petite culture, vu le taux actuel de la main-d'œuvre et la dépréciation du cours du marché, ne fait plus ses frais, et de réserver le travail minutieux et coûteux pour les seules exploitations où il se recommande, comme aussi de supprimer certains intermédiaires onéreux. Il y a quelques années, les journaux anglais renfermaient de curieux détails sur la tentative faite par les « farmers » de vendre directement au public, la viande de leurs bestiaux. C'est là un nouvel exemple de ce qui pourrait se faire dans certaines circonstances. Du reste les syndicats agricoles se développent un peu partout; non seulement au delà de la Manche, mais aussi en Allemagne et peut-être même surtout en France, grâce aux efforts de la classe riche qui a voué à cette œuvre si féconde un intérêt d'autant plus heureux qu'une initiative de ce genre ne peut aboutir, surtout au début, si elle n'a pour elle les notables, seuls capables de la diriger et de la soutenir.

Du reste, ce n'est pas seulement en ce qui concerne les syndicats agricoles que les riches sont invités à tendre la main aux pauvres, dans un esprit de solidarité et de respect mutuel. Ils ont le temps, l'argent, l'expérience des affaires. Leur place est très particulièrement indiquée à la tête des magasins coopératifs, non pas seulement comme clients mais comme inspirateurs et chevilles ouvrières de ce genre d'entreprises.

L'association dans le domaine économique, n'en est encore qu'au début : elle ouvre ses voiles et devra les ouvrir toujours plus larges.

*
* *

Mais le travail, fût-il admirablement compris, n'est pas tout. Il restera impuissant à relever ceux qui s'y livrent, s'il marche de conserve avec des habitudes relâchées, avec la légèreté de caractère, avec tel ou tel de ces vices dont Franklin disait qu'ils coûtent autant à nourrir que deux enfants. Sans la sagesse pratique, il sera compromis dans ses résultats, à supposer d'ailleurs qu'il ne le soit pas déjà dans son existence.

Des mœurs régulières, des habitudes de sobriété, une hygiène intelligente, une sévère discipline sur le corps et sur l'esprit, sont absolument requis de quiconque veut prospérer.

Et, après la bonne conduite, l'esprit de conduite. Certaines personnes ne comprennent pas des choses pourtant bien simples, comme celles-ci : qu'il faut savoir rester dans sa condition, vivre selon son état et ses ressources, penser au lendemain, et que l'on n'est pas obligé, parce que tel ou tel vit sur un pied coûteux, de l'égaler, ou seulement de chercher à l'imiter e loin. Un médecin de Genève, moraliste à ses heures, le docteur Senn, faisait cette fine observation : Autrefois, disait-il, on avait pour principe de proportionner ses dépenses à son revenu, aujourd'hui on fait l'inverse. Qui oserait soutenir que cette étrange philosophie ne gagne, en effet, du terrain?

Pour réaliser cet idéal de sagesse pratique si désirable, ou tout au moins s'en rapprocher, il est absolument indispensable de réagir contre les sollicitations des fêtes organisées à tout propos et de préférer aux divertissements bruyants et coûteux, les plaisirs modestes, à la portée de chacun, que procurent la vie de famille et l'amitié, le commerce avec la nature, les occupations de l'esprit, certaines formes de l'art.

C'est un des plus purs titres de gloire de Rousseau, cet incorrigible sophiste dont l'influence a été à tant d'égards si corruptrice, que d'avoir soutenu, dans sa lutte contre Voltaire et les épicuriens de son siècle, que le bonheur doit être cherché en première ligne dans les jouissances offertes à tous et que le pauvre peut goûter aussi bien que le riche.

L'abandon des professions où il y a moyen de gagner son pain, pour des carrières encombrées, sans avenir, mais qui flattent la vanité, est la conséquence naturelle de l'existence à rebours de tant de gens que la simplicité rebute.

Ce serait ici le lieu d'appuyer sur les devoirs des personnes mariées envers le foyer. Que d'hommes qui, par des motifs divers, soit par besoin de distraction, soit par suite de travaux excessifs qu'ils n'ont pas assez pris soin de restreindre, ou même d'œuvres de pur dévouement, se laissent arracher à leur sanctuaire intime, qui vivent partout plutôt que chez eux, et dont on a pu dire spirituellement qu'ils ne sont guère qu'en pension chez leur femme! Et que de femmes qui ne comprennent pas mieux leurs obligations, qui aspirent à tout, sauf à remplir leur tâche sacrée de maîtresses de maison! L'éducation des enfants dans la famille, que rien ne saurait remplacer, devient alors ce qu'elle peut, et souvent manque absolument.

Nous venons de rappeler les devoirs de tout homme envers soi-même et les siens. Le jour où ils seraient convenablement remplis, la solution du problème social aurait fait un pas énorme; mais nous avons aussi des devoirs envers autrui. Après l'activité personnelle vient ce que nous avons appelé l'activité sociale.

*_**

Nous entrons ici dans le domaine — et quel monde encore que celui-là! — de la philanthropie. Mais, avant

tout, nous établirons une distinction des plus importantes.

Trop souvent la philanthropie ou la charité, pour lui
donner son nom religieux, a été assimilée à l'aumône
qui, pourtant, se confond si peu avec elle qu'elle peut
en être la négation.

Sans doute quand il s'agit de soulager les maux de
l'humanité il faut, bon gré mal gré, accorder parfois
des secours matériels momentanés à des personnes en
détresse. Mais à côté de la nécessité il y a l'abus, et la
disposition à donner à la légère, à mettre quelque chose
dans toute main tendue, doit être considérée avec raison
comme une des causes du paupérisme. Il convient donc
de ne faire l'aumône que très discrètement, quand les
circonstances l'imposent, et, dans la crainte de favoriser
l'industrie de la mendicité organisée, ou de « fabriquer »
des pauvres, d'organiser aussi l'assistance et d'y procéder méthodiquement.

Nous nous rappelons ici quelques paroles de ce doux
et vaillant lutteur, le regretté Claudio Jannet qui, dans
une belle conférence d'économie sociale, exaltait positivement la vertu intrinsèque de l'aumône, tout en regret-
tant que la confiscation des biens des corporations, lors
de la Révolution, eût si fort resserré les ressources dont
elle peut être assurée. C'est là une manière de voir encore
trop courante dans certains cercles religieux, et sur
laquelle d'ailleurs nous aurons à revenir.

Un devoir pressant, impérieux, doit nous porter au
contraire à réduire l'aumône à sa plus simple expression, et cela en n'aidant matériellement que ceux qui ne

peuvent s'aider eux-mêmes ; ensuite en développant les autres formes de la bienfaisance.

L'activité sociale est appelée à s'exercer d'abord en faveur des abandonnés, des maltraités de la vie, des petits, des malades, des débiles. Il faut penser aux vieillards, aux infirmes, aux orphelins, à ceux qui souffrent de maux physiques mal soignés, aux valétudinaires qui ont de temps en temps besoin de repos, d'air des champs, de bains. Il faut songer aussi aux gens sans abri, et à combien d'autres malheureux! Ce n'est pas seulement sur la route qui descend de Jérusalem à Jéricho, c'est sur tous les chemins de nos sociétés si fières d'elles-mêmes, que des dépouillés de toute sorte attendent le passage du bon Samaritain. A côté de l'assistance proprement dite, se placent ici les asiles divers, les hospices et les hôpitaux, auxquels on peut rattacher les colonies de vacances et nombre d'autres œuvres semblables. Indiquons encore la superbe mission remplie par la société de la croix rouge pour le soulagement des blessés de la guerre.

A ceux maintenant que le vice a happés ou s'apprête à saisir, leur part d'attention. Aux victimes de l'alcool, le terrible ennemi qui exerce de si épouvantables ravages, principalement dans les milieux populaires, puisqu'il tue plus de monde que le canon et ruine plus de familles que la misère et la maladie ensemble. Aux débauchés, aux femmes tombées, à celles qui succombent à la misère, à leurs instincts pervertis, aux pièges tendus sous leurs pas. Aux dévoyés en délicatesse avec le code, aux délinquants qui connaissent la prison ou en prennent le chemin. Que de sauvetages à opérer !

C'est aussi une superbe tâche que celle d'améliorer les conditions de la vie matérielle au sein des masses. Il faut d'abord rectifier les erreurs courantes : par exemple, celle qui fait considérer à des ménages gênés, le vin, ou ce qui en a à peu près la couleur, comme une nécessité aussi grande que le pain et la pitance. — Mais l'action est plus nécessaire encore que les paroles, et elle doit en tous cas s'y joindre. Nous voyons en certains pays, notamment en Alsace, en Angleterre et aux États-Unis, la philanthropie réussir à doter l'ouvrier, ou le petit bourgeois en général, d'une modeste maison dont il finit, grâce à d'heureuses et ingénieuses combinaisons, par devenir propriétaire. Rien de plus urgent qu'un effort dans ce sens, car ce que l'on pourra faire en vue du relèvement des déshérités, restera souvent stérile, aussi longtemps qu'ils n'auront pas un foyer décent et avenant. Rien de plus propre, non plus, à les détourner des utopies socialistes. Dans la même ligne d'activité, les cuisines populaires, qui procurent une nourriture saine et à bon marché, seront d'un incontestable secours. Or, tout ceci nous ramène à la coopération, dont nous nous sommes déjà entretenus. L'esprit coopératif conduira nécessairement à des applications variées; il inspirera et transformera la philanthropie de jadis. Rendons encore un hommage mérité aux hommes qui travaillent à faire reconnaître le droit des salariés au repos hebdomadaire.

Il y a de plus, pour la philanthropie, une aide à prêter aux personnes sans emploi, de même qu'à celles qui débutent dans la carrière pratique. Des bureaux de placement gratuits, des institutions de crédit, dirigées avec tact et prudence, occasionnellement un service personnel : avance de fonds, garantie financière, pourront être une assistance considérable. Il n'est pas question ici de faire l'aumône, et l'on ne saurait trop se prémunir contre les pratiques qui pourraient y conduire, mais d'encourager les efforts honnêtes du *self help*.

Il faut bien parler aussi des institutions protectrices qui visent à préserver les personnes de tout âge, et plus spécialement les jeunes gens, des contagions malsaines, telles que salles de réunion et de lecture, cercles populaires, débits de boissons non alcooliques, gymnases, tout ce qui peut favoriser une récréation honnête et saine.

Pour l'hiver, en songeant à tous ceux que le froid trouve grelottants et sans moyens de s'en préserver, c'est un devoir d'humanité de se préoccuper activement de ce que M. Lujo Brentano, le distingué publiciste d'outre-Rhin, appelle dans sa *Question ouvrière*, des chauffoirs publics. Et il faudrait autre chose dans ce cas que des abris exceptionnels improvisés dans les périodes particulièrement rigoureuses, car ce n'est pas un degré le plus ou de moins du thermomètre qui change beaucoup la situation des pauvres.

Et comment oublier les œuvres d'instruction et de moralisation proprement dites, les écoles privées, si favorables à l'éclosion des vocations pédagogiques et qui font aux établissements de l'État une si utile concurrence, les bibliothèques fournissant des lectures choisies, attrayantes et instructives, les conférences vulgarisant les notions utiles, les journaux et les revues qui ont un si beau rôle à jouer?

Il faut ranger en outre dans l'activité philanthropique, l'empressement à porter son obole aux causes généreuses. En nous entendant condamner l'aumône inconsidérée, certaines personnes auront peut-être éprouvé une satisfaction égoïste, et palpé avec délice leur porte-monnaie. Nous disons maintenant que les œuvres de bien général exigent beaucoup d'argent, qu'il est d'obligation pour chacun de soutenir, selon ses moyens, les entreprises recommandables, en un mot, qu'il y a le devoir de donner.

Pour un peu nous allions faire rentrer dans le cadre de la philanthropie pratique, la bonté de cœur, l'aménité, la sympathie pour ceux qui souffrent, le simple savoir vivre, qui peuvent tant pour rapprocher les individus et les classes, et alléger le poids des peines.

Mais nous nous arrêtons. Nous craignons d'abuser de la patience de nos lecteurs, et pourtant nous sommes loin d'avoir épuisé la matière. Il ne nous arrive presque jamais de réfléchir un instant à ces sujets, d'ouvrir un livre ou un journal, d'échanger quelques paroles avec n'importe qui, sans voir dans toutes les directions, de nouvelles trouées à faire. De dire où commence et où finit l'action sociale, c'est impossible.

CHAPITRE VII.

LE CÔTÉ MORAL.

Cependant nous n'aurions pas été jusqu'au cœur de notre sujet, si nous ne donnions en terminant le dernier mot de la question, la conclusion de nos conclusions.

Initiatives de l'État, réformes dans les institutions, activité personnelle, activité sociale, voilà qui est bien ; mais comment cette œuvre gigantesque se fera-t-elle ?

Tout l'effort que nous venons de décrire, pour aboutir à des résultats solides et non pas seulement à une agitation de surface, doit reposer sur ce travail caché qui s'accomplit dans l'intimité des âmes.

Voici des riches qui ne songent qu'à jouir en égoïstes, dédaigneux, gonflés on ne sait de quoi, heureux encore quand ils ne deviennent pas, avec la vie désœuvrée qu'ils mènent, des instruments de démoralisation. Comment en faire des membres utiles du corps social ?

Voici des pauvres tombés, chez qui toute dignité semble avoir péri, esclaves de leurs dégradantes habitudes, indifférents au sort des êtres placés sous leur protection naturelle. Comment les ramener au bon chemin ?

Voici une quantité de gens qui n'ont pas peut-être de grands vices, mais qui n'ont pas non plus de vertu, qui dorment, mangent, boivent, s'occupent de leurs affaires, mais restent étrangers à tout ce qui s'accomplit autour d'eux pour le bien général. Comment les entraîner dans la sainte croisade?

Comment? Il n'y a pas deux réponses à ces questions. Il faut faire, de chaque homme, un homme à la hauteur de sa tâche. Il faut changer les cœurs mauvais, élever les pensées, secouer les consciences. La régénération de la société, — on ne s'en souvient pas toujours assez, — ne peut s'opérer que par une régénération des volontés individuelles.

Ici nous rencontrons les Églises qui nous disent : « Mais c'est là notre mission! » Et, en effet, elles travaillent dans la substruction de l'édifice social, à la source des pensées et des actes, dans l'âme. Leur œuvre est grande, elle pourrait être plus grande encore et plus bénie. Qu'elles évitent, par-dessus tout, de devenir une nouvelle forme de la mondanité et un refuge pour l'esprit de coterie et de snobisme, car il en est plus d'une qui ferait un accueil plus que douteux à Jésus de Nazareth, ce fils d'un humble artisan, s'il revenait aujourd'hui sur la terre. A elles de se rendre toujours plus dignes de leur vocation, toujours plus éprises du progrès, toujours moins suspectes aux amis de la liberté, des lumières, et à tous ceux qui jugent de l'arbre par ses fruits.

Certaines écoles contemporaines pourront sourire. Proclamer la foi dans l'invisible, dans l'ordre éternel des choses, dans la bonté et la justice de la cause des causes; enseigner la résignation, quand bien même on prendrait soin de la distinguer suffisamment du fatalisme inerte; présenter comme objet suprême d'ambition, la recherche de la sainteté, et comme modèles à imiter des êtres concrets, ayant vécu de notre vie, qui résument ce que l'humanité a eu de meilleur, Jésus-Christ, les figures des prophètes, un saint Paul, — certains sages modernes ne comprendront pas... Tant pis pour eux et pour les sceptiques surperficiels qui s'étonnent aussi.

Seulement il y a place pour toutes les bonnes volontés dans cette propagande morale. Vous n'êtes pas un croyant, mais vous distinguez entre le bien et le mal, vous aimez le prochain, vous souffrez de la souffrance des autres. Vous prêcherez, vous aussi, vous raviverez les étincelles qui couvent sous la cendre, vous parlerez, vous travaillerez surtout, et vous montrerez la route sur laquelle on monte. « Que chacun agisse selon sa foi », disait excellemment le comte de Gasparin, qui ne faisait d'ailleurs que traduire en langage moderne une parole de l'apôtre des gentils.

Si le progrès moral est le principe de tout progrès dans la société, c'est par là qu'il faut commencer ; mais, pour y coopérer, il importe, dès le premier jour, d'entrer dans la mêlée.

Les associations qui poursuivent des buts humanitaires précis, bien déterminés, ne manquent pas ; il n'y a qu'à choisir. Ici on s'applique à une œuvre d'éducation morale ou religieuse. Là on combat quelque vice grossier, l'ivrognerie, par exemple. Des ligues existent pour la cure de telle ou telle misère sociale en particulier : l'oppression de la femme, les envahissements de l'État et de la fiscalité, la guerre fratricide entre nations, etc. Des sociétés surgissent pour l'étude des questions sociales, c'est-à-dire des misères sociales en général et de leurs remèdes. L'association reparaît ici, nécessaire comme partout : elle finira par envelopper le monde d'un réseau d'idées réformatrices. Voilà l'endroit où travailler, sans préjudice, il va bien sans dire, de l'activité indépendante. S'isoler, c'est compromettre une partie de ses forces ; c'est n'agir que faiblement sur soi, sur son propre développement moral, et, partant, sur les autres, sur la société.

Nous avons fait un jour un rêve.

Une puissante clameur s'élevait du sein des peuples, mêlée au grincement d'acier des machines, grossie par mille voix venant de partout. Les mots de spoliation, d'iniquité, de question sociale, de réforme, de progrès, de cataclysme se dégageaient de ce sauvage concert.

Là-dessus, quelques hommes proposaient de renverser l'édifice qui nous a jusqu'ici abrités, disant que tout était mauvais dans l'organisation actuelle. Mais tel n'était pas l'avis de la grande masse, qui prétendait, au contraire, qu'il fallait garder la maison, à condition, toutefois, de la réparer de fond en comble.

Et aussitôt, toute une nuée de volontaires de se répandre à droite et à gauche, comme on court au feu. Ici! crient les uns. Là! répondent les autres.

Impossible de faire le dénombrement des forces. D'innombrables escouades, dont chacune a ses outils particuliers, se distribuent le travail de restauration.

Les uns, dépositaires de la souveraineté nationale, administrent, légifèrent, rendent la justice, perfectionnent, soit les organes politiques, soit les codes et les lois.

A côté des représentants du pouvoir, voici les particuliers, tantôt seuls, tantôt groupés en associations, et qui se portent partout où leur présence est réclamée.

Réformons l'école! Vivifions l'Église! Donnons l'assaut à l'ivrognerie et au libertinage! Changeons les mœurs! Créons une opinion publique saine et vigilante! Dissipons les malentendus qui règnent entre le capital et le travail, et faisons de ces anciens ennemis deux alliés, deux associés. De l'air, de la lumière dans ces quartiers nauséabonds, des logements habitables pour les classes populaires! Des associations pour concentrer les économies! Des caisses d'assurance! La vie à bon marché! Un appui cordial aux faibles, aux petits, aux brisés!

Le mouvement a fini par devenir irrésistible. Les retardataires s'y joignent. Voici les distraits et les insouciants, les lâches qui tremblaient à répéter la parole dictée par la conscience, les flatteurs et les flagorneurs de la puissance politique ou de la richesse; les égoïstes dont on eût cru le cœur desséché; tous veulent répondre : *présent!* au poste de l'honneur et du devoir.

Cependant d'autres forces transformatrices se jettent aussi dans la glorieuse mêlée. La science s'avance en conquérante, semant sa route de bienfaits. L'art divin mêle ses splendeurs à celles de la nature, devenue une amie, une confidente, et élève la pensée vers les sommets de l'idéal. Les uns agissent par la plume, les autres par la parole, d'autres avec leurs bras et leurs mains, tous par l'exemple contagieux d'une vie noblement employée.

S'y fût-on attendu? Dans cette vaillante milice, il se

rencontre jusqu'à des romanciers qui, en dépit du vers d'Alfred de Musset

Le scandale est de mode, il se relie en veau,

se sont promis de respecter le public en se respectant eux-mêmes, et cherchent le succès dans les voies à l'entrée desquelles il ne faut laisser ni la pudeur, ni la fière indépendance du peintre de la vie. Que d'autres flattent le goût du jour et professent toutes les opinions assurées d'un écoulement facile : ils ne les suivront pas.

Radieux spectacle! Des pauvres qui s'estiment assez riches pour pouvoir être utiles à d'autres déshérités et à la société en général; des riches qui cherchent, pour ainsi dire, à se faire pardonner, à force d'amour pour le prochain, de simplicité dans la conduite, de dignité et de correction, les avantages de la fortune; des patrons et des ouvriers; des savants et des ignorants ; des jeunes et des vieux; des hommes et des femmes, de tout rang, de toute opinion, se coudoient, se confondent, unissent et mèlent leurs efforts. Et tous portent au front la même devise et au cœur la même pensée : reconstituer le monde dans la justice et l'amour.

Ce rêve est à cette heure celui de nombreux esprits. Des millions d'hommes le font et se demandent si la société humaine, par la solution graduelle des problèmes qui l'agitent, par l'élimination des germes morbides qui la troublent, ne pourra pas arriver enfin à la paix, à l'harmonie, au degré de bonheur réalisable ici-bas.

La grande armée de la réforme sociale existe, elle opère, elle remporte des succès, mais elle attend encore de nouvelles recrues. Ici pas de service obligatoire ; seulement des engagés volontaires.

Toutefois les tâches diverses étant illimitées, les maux à guérir profonds et douloureux, chacun est impérieusement tenu de s'enrôler. Et si, à cet appel, quelqu'un se refuse à donner son nom, son cœur, sa coopération dévouée, qu'il pense de lui et du droit de s'isoler, de se désintéresser, ce qu'il voudra, c'est un déserteur qui fuit une lutte sainte, c'est un traître à la grande famille dont il est membre. Ce n'est pas un homme.

***

Voilà notre rêve, ou plutôt voilà le programme à remplir. Cependant pour une œuvre de l'ampleur et de la complexité de celle qui se dresse devant nous, combien n'est-il pas nécessaire de voir juste, de posséder l'orientation exacte !

La méthode dans l'étude de ces grosses questions, c'est-à-dire la méthode en économie sociale, tel est le sujet qui doit maintenant arrêter notre attention.

Nombre de faits sociaux déjà signalés reviendront dans notre exposé. C'était inévitable, car les éléments de notre étude ne peuvent varier de chapitre en chapitre, comme ceux dont un romancier forme la trame de son récit. De plus, ces faits prendront une portée nouvelle en se rattachant à des points de doctrine qu'ils seront chargés d'éclairer.

TROISIÈME PARTIE.

LA MÉTHODE EN ÉCONOMIE SOCIALE.

———

C'est le propre de toutes les sciences morales d'être sujettes à suspicion, de prêter à des incertitudes, même dans leurs parties fondamentales, et d'offrir des divergences nombreuses. Impossible d'y forcer l'adhésion ainsi que dans les sciences de la nature, par exemple. En ces dernières, les faits avancés sont susceptibles de démonstration : ils apparaissent au regard, ou bien ils sont perçus par l'oreille ou la main ; la certitude s'y impose, en sorte que seul un esprit faussé pourrait espérer se soustraire à la force de la vérité. De là vient que les sciences de la nature sont unes, qu'il n'existe qu'une chimie, une botanique, tandis que dans les sciences qui nous occupent ici, nous sommes en présence d'écoles qui dressent autel contre autel et souvent se faussent compagnie dès les premiers pas.

Mais de toutes les sciences morales, ce sont les sciences sociales et politiques qui souffrent le plus de ce désarroi intellectuel. Ceux qui s'y livrent paraissent parler des langues différentes. Que de fois ne les voyons-nous pas partir de prétendus axiomes qui n'ont cours que dans des milieux restreints, ou employer des méthodes et des procédés qui ont plus affaire avec la litté-

rature ou le sentiment qu'avec la recherche scientifique!
On est même enclin parfois à douter un peu de leur
désir de voir clair et de parler juste. Si Auguste Comte
était parmi nous, il serait fondé à répéter son dire que
les sciences sociologiques ne sont point passées encore
sur le terrain de la positivité.

Cependant ce n'est pas impunément que l'anarchie
intellectuelle se perpétue dans un domaine quelconque
de la pensée. Son fruit est le scepticisme, et c'est par
centaines que nous pouvons compter les victimes du
scepticisme parmi ceux qui ont eu l'occasion de se
familiariser avec les études ayant les sociétés pour
objet. L'économie politique a été particulièrement dis-
solvante. « Nous ne savons à qui entendre. L'un prêche
blanc, l'autre noir. Il n'est pas de question au sujet de
laquelle les tendances contraires ne puissent se réclamer
d'autorités à peu près égales. » Ainsi parlent une foule
d'hommes, sans être nécessairement des esprits distraits
et volages.

Il est bien évident que lorsque la lampe sur laquelle
on comptait pour se conduire jette une lumière si pâle
et si décevante, nombre d'intérêts, et des plus considérables, demeurent sacrifiés. Les injustices sociales et
les souffrances gratuites se répètent; des réformes que
l'on avait cru près d'aboutir échouent, parce que, hâtivement élaborées par des hommes d'une compétence
discutable, elles n'étaient pas nées viables.

S'il en est ainsi (et nous ne croyons pas faire à l'exagération, toujours si facile, la moindre part) le grand
besoin de l'heure actuelle, la lacune si inquiétante à

combler, c'est de poser dans l'étude des questions sociales des principes qui commandent l'adhésion. Il faut placer, à la base de ces travaux, des idées que puissent accepter tous ceux que n'aveuglent pas les intérêts égoïstes et les partis pris, et se soumettre aux procédés d'investigation en honneur dans toutes les sciences dignes de ce nom. Rien ne doit être avancé qui ne puisse résister à l'épreuve de ces deux critères : d'un côté, le droit et la justice sociale; de l'autre, les faits, les expériences acquises. Arrière à toute thèse qui pourrait redouter cette double confrontation, car elle n'a aucun titre quelconque à se présenter sous le manteau de la science.

Ce n'est donc pas une occupation oiseuse que celle à laquelle nous désirons nous livrer dans ces pages. La méthode en économie sociale, quoi de plus urgent? Nous aurions pu dire aussi l'orientation en économie sociale, car l'anomalie et le péril de l'heure où nous sommes, c'est que les esprits ne se tournent pas tous du même côté, semblables à des voyageurs qui ne seraient pas fixés sur la position des points cardinaux.

Pour aider à la netteté, nous présenterons notre pensée sous la forme d'une série de thèses brièvement appuyées. S'il nous arrive fréquemment de demander à la petite Suisse les exemples destinés à étayer nos assertions, ce n'est pas tant encore à raison de la connaissance spéciale que nous avons des choses de ce pays, qui est le nôtre, que de la grande diversité des expériences accomplies.

Toutefois avant d'entrer dans le vif de notre sujet, nous

commencerons par quelques préliminaires. Il y a certains faits à rappeler et quelques définitions à donner.

Ainsi que nous l'avons vu, deux grandes préoccupations traversent les siècles, qui font ressembler l'histoire de l'humanité à deux courants puissants dont l'un apparaît un peu comme la suite de l'autre. C'est d'abord la question politique, après quoi vient la question sociale.

La question politique surgit la première dans l'ordre des temps. Elle se divise en deux périodes. Au début le problème à résoudre est le suivant : « Qui est le maître de céans ? à qui appartient-il de gouverner l'État? » Et la réponse qui finira par s'imposer c'est que la souveraineté appartient à la collectivité, à l'ensemble du peuple. Le problème prend ensuite cette nouvelle forme. « Comment organiser et réaliser normalement, sincèrement, la démocratie qui vient de s'établir? »

Quant à la question sociale, que l'on pourrait prendre pour le prolongement de la question politique, avec laquelle elle a commencé par se confondre plus ou moins, elle est aussi ancienne que le monde. Et cependant elle ne s'empare de l'attention publique qu'à une date relativement rapprochée de nous. Elle ne revêt un caractère distinct que du jour où la question politique sort de sa première phase et où la démocratie demeure maîtresse du terrain. Jusque-là elle a pu apparaître au milieu des luttes relatives à la possession du pouvoir, témoin le mouvement des Gracques à Rome et la Guerre des paysans en Allemagne et en Suisse :

mais ce n'était qu'un incident, et elle n'est jamais restée au premier plan.

Et pourquoi cette longue attente? Parce que les peuples ont beaucoup de peine à s'occuper de plus d'une chose à la fois, et qu'il y avait sur le tapis l'éternel débat sur la détermination du souverain dans l'État. Or, par quel moyen les masses populaires, que la question sociale concerne tout particulièrement, auraient-elles pu obliger les classes dirigeantes à prendre en main leurs intérêts négligés? Elles n'étaient pas même en mesure de formuler leurs doléances, et d'ailleurs, elles n'avaient pas encore pris conscience de leur situation réelle et de ce qui pouvait contribuer à l'améliorer. Mais une fois la démocratie proclamée, et sans attendre qu'elle ait reçu une organisation complète, ce qui sera très long, la question sociale fait en quelque sorte irruption. Des foules immenses se demandent ce qu'elles vont faire, maintenant que la puissance législative appartient au nombre, pour améliorer leur condition si précaire.

L'égalité politique a été réalisée. L'égalité sociale pourra-t-elle l'être? C'est fort douteux, mais, quoi qu'il en soit de ce problème, n'y a-t-il rien à faire pour diminuer la distance qui sépare les riches des pauvres? Comment mettre le bien-être à la portée du plus grand nombre? Le paupérisme, cette grande tache noire de nos sociétés modernes, est-il dans l'ordre? Est-il admissible que les uns aient tout, jouissances matérielles, jouissances intellectuelles, et les autres rien? Voilà la question sociale dans son essence.

Un point à retenir, c'est que, bien que distinctes de nature et formant deux grandes époques dans l'histoire de l'humanité, la question politique et la question sociale tiennent l'une à l'autre par d'étroits liens. Nous ne reviendrons pas sur leurs fréquentes rencontres dans le cours des siècles : nous voulons parler de leur solidarité organique, de leurs affinités réciproques.

Lorsque la question sociale, son heure venue, se détacha de la question politique, ce n'était point pour affirmer son indépendance à l'égard de sa sœur aînée. Cette indépendance n'est en effet que très relative. La plupart des réformes sociales supposent le progrès politique, et *vice versa*, car tout se tient dans la vie des hommes et des collectivités.

Comment, par exemple, parler avec confiance des moyens d'accroître la part de bonheur matériel de chacun, lorsque le politicianisme écrase la nation sous le poids de la fiscalité, du discrédit, voire même du déshonneur financier, pour ne rien dire de l'injustice et du mensonge officiel qui, certes, constituent aussi une tyrannie ? Il ne manque donc pas de raisons pour que la question sociale ne perde jamais de vue sa devancière, la question politique.

Il y a quelque temps la *Réforme Sociale* de Naples demandait un article économique quelconque à l'un de ses collaborateurs, qui lui proposa ce sujet-ci, comme étant particulièrement actuel : « L'organisation de la démocratie, premier pas dans la réforme sociale. » La revue comprit (les Italiens ont l'esprit vif), et cet article parut. Petit incident, mais qui montre que la connexité entre la question politique et la question sociale est de mieux en mieux saisie.

A ce titre, telle question classée parmi les réformes politiques, disons pour fixer les idées, la représentation proportionnelle, se trouve prendre indirectement la portée d'une question sociale.

Mais, nous l'avons dit, la réciproque est vraie, et l'on chercherait en vain un progrès d'ordre social qui ne fût appelé à concourir au progrès politique. Vous vous préoccupez d'accroître l'aisance générale, de réduire le domaine du paupérisme, et vous voilà, vous appliquant à améliorer l'instruction du peuple, ou bien à donner un essor nouveau à l'industrie et au commerce. Mais ce n'est pas encore assez. Vous sentez qu'à lui seul le bien-être ne saurait assurer la prospérité d'une nation, et vous vous demandez ce que vous pouvez faire dans l'intérêt de l'éducation des masses, comment leur communiquer le principe moral et religieux, comment faire des volontés droites et hautes, c'est-à-dire des hommes. Vous jetez alors autour de vous un grand *Sursum corda !* N'en doutez pas, votre œuvre portera plus loin que vous ne l'aviez cru peut-être, et bien que la politique ne figurât pas sur votre programme, vous travaillerez à son développement et à son épuration. Qui sait même si, dans l'intérêt de votre campagne, vous ne serez pas entraîné à vous rallier aux groupes qui poursuivent la réforme politique ?

On a beaucoup épilogué sur la question de savoir s'il existe une question sociale ou des questions sociales. La distinction peut répondre à une diversité de vues. Celui qui a été amené à croire fermement qu'il doit y avoir quelque part, dans la marche des choses, un tournant, un moment critique, dira volontiers : question sociale au singulier. A l'inverse, celui qui ne croit pas à une révolution, telle que la suppression de la propriété privée, dans le système collectiviste, qui n'admet qu'un progrès plus ou moins régulier, une transformation incessante et graduelle de l'édifice social qui nous abrite, dira plutôt : questions sociales, au pluriel. Cependant ces deux manières de parler peuvent être employées indifféremment l'une pour l'autre. Il n'est point rare, en particulier, que l'on parle de la question sociale pour exprimer l'ensemble des problèmes sociaux.

Après ces quelques faits, qu'il y avait utilité à rappeler, nous pouvons faire un premier pas.

1. *Les problèmes sociaux ne relèvent pas de l'économie politique, mais d'une science plus générale.*

Les problèmes sociaux étant de leur nature fort divers et enchevêtrés, leur étude ne saurait ressortir à une seule branche des sciences sociales, ni à quelques-unes seulement de ces sciences : elle appartient à la science dans son sens général. C'est là une vérité que nous allons chercher à rendre plus sensible en prenant un exemple concret.

Nous supposerons un cas très simple, malheureusement fort commun : une famille plongée dans la misère et le vice; un père alcoolisé, une mère peut-être adonnée aussi à la boisson ou à des désordres plus graves encore; des enfants ayant sous les yeux les plus funestes images, à peine nourris, exposés à toutes les suggestions malsaines; le travail qui manque, et pour cause. Que faire? Y aurait-il peut-être dans le voisinage une occupation qui pût convenir à cette famille? Côté économique, question sociale. — Cependant il n'y aura de relèvement assuré que si le père et la mère se corrigent de leurs funestes penchants, que si les enfants sont mieux soignés et élevés, que si le travail est repris avec constance et ramène un peu d'argent à la maison. Mais comment lutter contre des ennemis tels que l'intempérance? Question sociale. — Un logis meilleur ou moins infect serait, semble-t-il, indispensable, tant au point de vue du relèvement moral qu'à celui de l'hygiène. Amélioration du logement, question sociale. — Arrive-t-il que l'alcool continue ses ravages, la société devra alors s'occuper des enfants. C'est l'assistance privée ou publique qui sera mise en réquisition. Sous quelle forme? Question sociale. — Peut-être faudra-t-il destituer les parents indignes de leur puissance de père et de mère. Existe-t-il des lois qui permettent d'agir contre eux? Sont-elles bonnes? Question sociale. — Mais il faut instruire les enfants. Y a-t-il des écoles à portée? Répondent-elles aux besoins? Offrent-elles les rudiments de l'enseignement professionnel, qui sont reconnus aujourd'hui si utiles? Problèmes éducationnels, question sociale. — On peut se demander, en outre, si, pour des enfants dans le cas de ceux qui nous occupent, il n'y aura pas avantage à posséder des asiles spéciaux? Question sociale. — Et des infirmeries, des hôpitaux où les soigner, eux et leurs parents... Question sociale. — Laissera-t-on ces jeunes garçons, ces jeunes filles, grandir dans l'ignorance de leurs devoirs religieux? Question sociale. — Et s'ils tombent, ce qui est toujours à craindre, le régime pénal en vigueur est-il de ceux qui pratiquent l'indulgence à l'égard des grands coupables et qui écrasent, démoralisent les jeunes malfaiteurs? Question sociale, encore et partout.

Comme on voit, il serait plus vite fait de rechercher où n'est pas la question sociale que de dire où elle se rencontre.

Mais faire cette constatation, c'est reconnaître du même coup qu'une question de cette ampleur et de cette complexité, formée de mille sous-questions, ne saurait être embrassée par un homme qui se serait spécialisé dans une branche quelconque des sciences sociales. Faut-il un économiste? Non. — Un juriste? Non. — Un politique? Non. — Un moraliste? Non. — Nous pourrions faire ainsi le tour de toutes les disciplines qui ont la société pour objet : aucune, prise séparément, ne saurait rendre le service qu'on attend. Pour arriver au résultat cherché, il les faut toutes, opérant ensemble et associant leurs efforts.

Nous irons même plus loin. Ce ne sont pas seulement les sciences sociales qui ont leur mot à dire dans ce débat; ce sont toutes les sciences, toutes les branches des connaissances humaines, tous les arts, toutes les activités, soit qu'elles se meuvent dans la sphère de l'idée, soit qu'elles offrent un caractère pratique et utilitaire. Nous n'hésitons pas à proclamer qu'il y a place dans l'armée des travailleurs sociaux pour tous les

hommes qui veulent le triomphe du bien et se considèrent comme appelés à y concourir.

Un progrès accompli dans l'hygiène, dans la médecine, dans la chimie, dans la technologie agricole ou
industrielle, que sais-je? La découverte d'un nouveau
métal ou d'une nouvelle plante par un voyageur qui a
l'air de se promener à quelques mille lieues de chez
nous, tous ces faits et autres semblables peuvent se
transformer, se transformeront même nécessairement
en services rendus à la collectivité. Vous êtes littéra-
teur, romancier, poëte; vous respectez votre plume:
par ce seul fait, vous devenez un allié. Vous cultivez
la musique ou la peinture, vous procurez des jouissances
pures et relevées, vous fuyez les succès vulgaires obtenus
en flattant les passions : votre œuvre n'est pas perdue.

Salut aux laborieux, bienfaiteurs de l'humanité !
s'écriait Mencius, quatre siècles avant l'ère chrétienne;
on ne saurait mieux dire, si toutefois par laborieux on
n'entend désigner que les hommes poursuivant un but
avouable.

En conclusion, la question sociale n'est dans la dépendance directe ni d'une science unique, ni même
d'une seule catégorie de sciences. Elle touche à tout, et
pour l'aborder avec une autorité absolue, il faudrait ne
rien ignorer.

Il est donc nécessaire, pour traiter les problèmes
sociaux, de posséder une science générale. M. Fournier
de Flaix, parlant des congrès tenus conjointement avec
l'Exposition universelle de Paris en 1889, écrivait les
lignes qui suivent: « La constitution et la reconnais-

sance comme science distincte de l'économie sociale demeurera l'un des résultats de l'Exposition de 1889. » Et plus loin: « Les derniers liens qui retenaient l'économie sociale dans la dépendance de l'économie politique ont été tranchés; il a bien fallu reconnaître que les vieux axiomes de nos économistes classiques, battus en brèche de toutes parts par les contradictions des idées et des faits, étaient plus d'une fois pris en flagrant délit d'insuffisance[1]. » Ces lignes empruntent un intérêt particulier du fait qu'elles sont signées du nom d'un économiste conservateur, car M. Fournier de Flaix est l'un des collaborateurs attitrés de l'*Économiste français*, de M. Paul Leroy-Beaulieu.

Le point de vue que nous venons d'entendre est aussi celui de M. Courcelle-Seneuil: « Ce n'est... que par respect pour la tradition que nous mentionnons les études qui ont pour but l'amélioration de la société, comme des études économiques: ce sont des études auxquelles on ne peut se livrer avec fruit qu'à la condition de posséder des connaissances économiques, ce qui est tout à fait différent. Ces études sont la conclusion, non de le seule économie politique, mais de la science sociale tout entière[2]. »

Mais comment désigner cette science d'ensemble hors de laquelle il est impossible d'entreprendre avec succès l'étude des problèmes sociaux? Nous avons le choix entre le nom d'*économie sociale*, proposé par M. Four-

---

[1] *La Gironde*, n° 12,087.

[2] *Nouveau Dictionnaire d'Écon. polit.*, Léon Say-Chailley, I, p. 765.

nier de Flaix, et celui de *science sociale* que préconise M. Courcelle-Seneuil. Il y aurait encore celui de *sociologie* qui, mieux que tout autre, donnerait l'idée d'une synthèse des sciences sociales ou d'une science sociale intégrale; Auguste Comte, le fondateur de la sociologie, la définissait : « La science des plus hautes généralités sociales. » Par des raisons de pure opportunité, et afin de prévenir des malentendus, nous donnerons la préférence au terme d'*économie sociale*, mais en le prenant dans son sens le plus large et le plus compréhensif. Il y a quelques années, la Société d'économie politique de Lyon, sur la proposition de M. Aynard, le député, changeait son titre en celui de Société d'économie politique et d'économie sociale. Elle eût pu se contenter des mots d'économie sociale qui couvrent tout le terrain.

L'économie sociale, telle est donc la science qui fournit le vrai point de vue dans les questions d'ordre social. Ceux qui s'y livrent ne sont pas des économistes purs, mais des sociologistes.

Sans vouloir entrer dans le détail, il nous est impossible cependant de ne pas faire remarquer l'analogie qui existe, au point de vue de la grande constatation que nous venons de faire, entre les sciences sociales et les sciences physiques et naturelles. Dans ces dernières, tout autant que dans les premières, il devient de plus en plus impossible de faire une œuvre sérieuse, de pénétrer un peu profond, sans enjamber à tout bout de champ les frontières qui séparent les diverses disciplines. Les grands initiateurs comme Pasteur et Edison, à l'heure actuelle,

ne relèvent à proprement parler d'aucune science particulière; ils se meuvent à des hauteurs où la science est
une. Eussent-ils prétendu s'enfermer jalousement dans
une spécialité, ils ne seraient arrivés qu'à des résultats
de second ordre. Au surplus, si nous opérons des divisions de la science, auxquelles nous donnons des noms
distincts, c'est à cause de notre impuissance à tout embrasser d'un coup d'œil, mais les séparations ne sont
pas dans les choses elles-mêmes.

*2. Lorsque l'économie politique s'obstine à aborder,
de son point de vue étroit, les questions sociales, qui ex-
cèdent sa compétence, elle aboutit à des résultats sans
portée scientifique.*

Il arrive tous les jours à l'économie politique de se
considérer comme la science sociale dirigeante, et d'appliquer à des questions qui ne sont pas de son ressort
exclusif, son point de vue à elle. Il y a cependant une
circonstance atténuante à rappeler en sa faveur.

C'est que, lors de son apparition comme corps de
doctrine, vers la fin du siècle dernier, elle crut positivement avoir à tout jamais assuré les conditions de prospérité que réclamait le monde. Elle avait vu les gouvernements pratiquer à outrance la réglementation dans le
mouvement des affaires humaines; il n'était pas permis
de travailler, de manier un outil ou de trafiquer en
s'écartant des règles absolument artificielles et souvent
absurdes qui avaient été posées. Grâce à ce beau système on dut, en France, envoyer aux galères, en l'assi-
milant à un faux monnayeur, un savetier qui s'était per-

mis, contre toutes les ordonnances, de faire du neuf;
chaque province devant consommer ses propres récoltes,
certains pays regorgeaient de blé pendant que, tout à
côté, un peu de ce trop plein eût atténué une affreuse
disette. Surviennent les économistes qui, tout en proclamant la liberté du travail, élèvent le grand cri. « Laissez faire, laissez passer, » consacrant ainsi le principe de la liberté des échanges. On trouvera sur cette
grande œuvre d'émancipation des premiers économistes
d'intéressants développements dans un beau discours
de M. Frédéric Passy (*Quatre écoles d'économie sociale*)[1].

Ce fut une immense impulsion donnée au progrès.
Mais si, en proclamant la liberté professionnelle et commerciale, l'économie politique secondait efficacement le
mouvement moderne, il serait par trop simpliste de se
flatter que rien désormais ne se fera plus qu'avec sa
permission.

Quand, en l'année 1870, l'Angleterre se dota d'un service national d'instruction primaire qui lui avait jusque-
là fait défaut, tous les parangons de la vieille doctrine
économique jetèrent les hauts cris. C'est aux parents,
s'exclamaient-ils, à élever leurs enfants. Ils savent bien
leur donner le pain du corps, leur refuseront-ils celui
de l'esprit? N'ont-ils pas intérêt à le leur procurer?
L'opinion publique n'est-elle pas en faveur de l'instruction? Il existe des écoles libres, elles iront en se multipliant et en s'améliorant. Loi de l'offre et de la demande!
heureux effets de la concurrence! — Tout cela est peut-

1 Genève, Eggimann.

être vrai, mais d'une vérité restreinte, trop essentiellement économique. Des raisons d'intérêt général, que
chacun connait, ont fait pencher la balance du côté de
l'école créée et dirigée par l'État.

Ce que nous venons de dire de l'école officielle, nous
pourrions le répéter pour beaucoup d'autres choses.

Ainsi les économistes se sont beaucoup occupés en ces
dernières années des assurances ouvrières obligatoires,
dont l'Allemagne a fait la première grande application.
Ils n'ont pas été tendres pour elles; c'était prévu. Mais
peut-être seraient-ils arrivés à d'autres conclusions s'ils
eussent élargi le débat et considéré la question d'un peu
plus haut. Ils savent combien les systèmes d'assistance
publique laissent en général à désirer; ici leur grande
faiblesse c'est la pénurie des ressources dont ils dispo-
sent, là l'esprit bureaucratique, et, presque partout,
c'est la pratique de l'aumône avec ses effets énervants.
Les assurances ouvrières pourraient n'être, à les bien
prendre, qu'un moyen préventif de réduire le champ de
l'assistance en multipliant le nombre des tout petits rentiers.

La conclusion à tirer, c'est que d'avoir raison comme
économiste ne prouve pas qu'on ait raison à un point de
vue général. Dans nombre de questions, l'économie politique ne saurait prévaloir contre des considérations d'un
autre ordre. Elle a son domaine. Elle est chargée de
nous renseigner sur les moyens d'accroître la richesse
d'une nation. Elle représente des intérêts qui sont considérables, sans être pour cela les seuls dont il y ait lieu
de s'occuper. En toute occasion elle dira son mot, mais

ce mot ne sera souvent qu'un avis dans une consultation plus étendue.

3. *Toute question sociale doit être résolue en conformité avec les exigences de la morale, mais la morale ne saurait, à elle seule, fournir la solution des problèmes sociaux.*

Un professeur de Strasbourg, M. Th. Ziegler, publiait dernièrement un livre dont le contenu tient dans le titre *La question sociale est une question morale* [1].

Rien de plus juste. La morale ne cesse jamais d'avoir son mot à dire dans les affaires humaines, puisqu'elle fixe les relations normales entre les hommes. Son verdict a, en outre, ceci de particulier qu'il prime celui des autres sciences sociales. Voici, par exemple, une mesure qui obvierait à quelque difficulté présente, mais la morale n'y trouve pas son compte : c'en est assez pour la mettre hors concours. Livrons-nous pour fixer les idées, à quelques suppositions, et imaginons des gens formulant les assertions qui suivent :

Nous sommes des planteurs vivant sous un ciel torride. Le maintien de l'esclavage est nécessaire à notre prospérité matérielle, car si on nous ôte les Africains courbés sous le fouet, où trouverons-nous des ouvriers pour cultiver le coton et la canne à sucre? — Cette façon de raisonner, remarquons-le en passant, fut celle de la plupart des propriétaires d'esclaves.

Le bonheur de l'homme exige dans certains cas que la femme soit mise hors du droit commun.

[1] Paris, Alcan.

Les guerres ont leur bon côté qui est d'empêcher un accroissement trop rapide de la population.

Il y a un intérêt social à défendre certaines superstitions religieuses même grossières, plutôt qu'à les dévoiler au risque de mettre en péril la foi des faibles.

L'ignorance est utile à certaines classes, attendu qu'elle les maintient dans une situation subalterne qui les engage à s'accommoder des occupations les moins relevées.

Les plus honnêtes gens peuvent se permettre la fraude en matière électorale, afin de ne pas se laisser vaincre par don-quichottisme, en refusant les armes que leurs adversaires s'accordent.

Toutes ces propositions qui présentent la violence, l'injustice, l'erreur, la fraude, l'obscurantisme comme des moyens d'action légitimes, sont en dehors des conditions de la science qui est, de sa nature, subordonnée à la morale.

Nous pouvons ajouter que, dans nombre de sujets, le côté moral apporte la lumière souveraine, sans laquelle il n'y a qu'incertitude et incohérence.

Considérons, par exemple, le problème du luxe. Si nous l'abordons au point de vue économique pur, nous nous trouvons ballottés entre deux affirmations contradictoires et malsaines. Selon les uns, l'avarice vaut mieux que la prodigalité, mais selon les autres le prodigue, qu'Adam Smith qualifiait d'ennemi de la société, ne laisse pas de rendre certains services. A qui entendre? A qui croire? Heureusement qu'il y a un principe moral qui va nous élever au-dessus de ce dédale.

Notre devoir d'hommes nous appelle à coopérer activement aux œuvres d'intérêt public.

Celui qui abordera la question du luxe sous cet angle-là n'aura pas un instant l'idée de faire son choix dans l'alternative : avarice ou prodigalité; il répondra. Ni l'un ni l'autre! et ne s'accordera que le luxe utile, portion intégrante de la civilisation.

Voici encore le problème de la population. Que n'a-t-on pas écrit sur ce sujet! Le monde, annonçaient l'Anglais Malthus et ses disciples, allait devenir trop étroit, en dépit des guerres décimant parfois ses habitants; aussi la résistance aux entraînements de l'amour, la « contrainte morale, » pouvait-elle seule prévenir le cataclysme. C'est aux pauvres, qui n'ont pas place au banquet de la vie, à se sacrifier : du reste, c'est parmi eux que la surpopulation cause le plus de souffrances, puisqu'elle augmente la gêne dans les familles et prépare aux classes laborieuses un excès de compétiteurs qui feront fléchir les prix et multiplieront les chômages.

Dans ses enquêtes démographiques, Louis-Adolphe Bertillon a montré que la question est très complexe, que le mouvement de la population est soumis à des causes générales restrictives ou intensives, et il a rassuré les esprits alarmés en montrant une corrélation intime entre l'abondance des denrées et la marche de la population : où il y a un pain il naît un homme!

Les socialistes qui annoncent un paradis prochain sont, par là même, conduits à admettre que la terre sera un jour dans des conditions plus favorables à la propagation de l'espèce humaine, puisqu'il y aura moins de misère, de crises économiques, de luttes armées et de révolutions. Mais ils se rassurent sur les conséquences de la surpopulation en disant qu'à chaque jour suffit sa peine, qu'il sera assez tôt, le moment venu, d'aviser au genre de « politique de la population » commandé par les circonstances, et qu'il n'est point impossible que les progrès de la science nous dotent de ressources alimentaires nouvelles, dont nous n'avons même pas l'idée. Sans aller aussi loin que Rümelin, annonçant que « l'air deviendra un aliment, qu'on s'éclairera et qu'on se chauffera avec l'hydrogène, que les forêts seront plantées d'arbres fruitiers et produiront des champignons comestibles, que l'horticulture prendra la place de l'agriculture et que l'on récoltera deux ou plusieurs moissons par an au lieu d'une, » un peu d'optimisme n'est pas défendu.

Nous avouons, cependant, ne pas concevoir comment la solution complète de la question pourrait être fournie en faisant abstraction du facteur moral. Au fur et à mesure que nos sociétés s'élanceront dans les voies d'une civilisation plus avancée, les responsabilités des parents à l'égard des enfants à naître seront mieux comprises, et la statistique des naissances se ressentira de ce progrès de la moralité sur la passion. On laissera aux fanatiques du militarisme l'axiome d'après lequel la marche de la population serait le baromètre de la prospérité d'un peuple.

On voit quelle place appartient, en toute question sociale, au verdict de la conscience. On ne saurait dès lors qu'applaudir sans arrière-pensée aux efforts de tous ceux qui, à côté de l'Église ou de l'école, cherchent à rendre à l'impératif catégorique sa force et son autorité. Sous ce rapport, l'union pour l'action morale, dont M. Paul Desjardins s'est fait l'apôtre en France, a droit aux plus ardentes sympathies.

Ce n'en serait pas moins une erreur de tenir le raisonnement suivant : « Que les hommes deviennent d'abord bons, purs, pieux, aimants, dévoués, et les difficultés sociales qui partout se dressent, s'aplaniront d'elles-mêmes. » La vapeur ne remue pas le monde à elle seule : elle ne le fait qu'en passant par des appareils dans lesquels toute son énergie se trouve utilisée et dirigée vers un but déterminé. A ce point de vue, M. Edmond Demolins, directeur de la revue *La science sociale*, a fait entendre d'utiles avertissements dans son opuscule : *Quel est le devoir présent?* où il déclare très justement, en réponse à M. Paul Desjardins, que « l'action morale, quelque utile qu'elle soit à l'amélioration de l'individu, n'est pas suffisante pour produire le relèvement social. »

Nous citerons encore quelques passages de l'exposé de M. Demolins, s'adressant toujours à M. Desjardins : « Un autre échec éclatant de l'action purement morale nous est fourni par l'exemple de l'Irlande. Vous savez que cette île fut appelée, au seizième siècle, « l'île des Saints »; elle était couverte de monastères, et ce fut même de cette île que partirent la plupart des missionnaires qui convertirent la Germanie. Votre union pour l'action morale aurait pu recruter alors, en Irlande, un grand nombre d'adhérents, car la préoccupation de la « vie meilleure » dominait les esprits. Cette vie morale intense aurait dû, d'après vous, assurer à ce peuple une longue et éclatante prospérité sociale. Hélas! vous savez qu'il n'y a eu de long et d'éclatant que sa décadence; elle a commencé au beau milieu de cette effervescence morale et dure toujours. »

Et ailleurs parlant de l'Italie, M. Demolins écrit : « Ni l'action, ni l'influence, ni les exemples de l'Italie mystique n'empêchèrent l'effondrement de l'Italie sociale et politique. Et cet effondrement dure encore. »

Ainsi parle un disciple de Le Play, fils soumis de l'Église. Ses réflexions n'en ont que plus de poids.

4. *L'individualisme et le socialisme sont deux conceptions unilatérales, également inapplicables, et qu'il y a dès lors nécessité à tempérer l'une par l'autre.*

L'individu, l'homme considéré comme un être à part, ayant ses fins personnelles, est l'unité fondamentale de l'État. C'est pour lui que la société a été organisée. Il n'abandonnera jamais ce qu'il conçoit comme étant la condition même de tous les autres biens, savoir : sa liberté en tant qu'être moral appelé à se gouverner lui-même, et le droit de posséder, qui n'est, à le bien prendre, que l'expansion de sa liberté. Il consentira les sacrifices nécessaires au bien général, mais sous réserve qu'on ne lui fera pas violence et qu'on ne l'atteindra pas dans ses prérogatives imprescriptibles. Au surplus, c'est lui qui commande dans nos modernes démocraties, et nous pouvons être certains qu'il sauvegardera ses intérêts. Il le fera d'autant mieux qu'il ne croit pas à un bonheur collectif qui serait obtenu au détriment de son bonheur propre. L'individualisme, en tant qu'il est la tendance à protéger l'individu dans ses légitimes revendications, répond par conséquent aux aspirations les plus profondes de notre nature.

Mais en nous exprimant de la sorte, nous n'entendons nullement affirmer qu'il n'y ait, en une société constituée, que des intérêts particuliers à défendre. Il n'est pas de gouvernement qui ne soit appelé à donner satisfaction à certains intérêts collectifs. Que sont les écoles de l'État, qui nous ont arrêtés tout à l'heure, que sont les asiles de vieillards et d'orphelins, que sont tant d'autres institutions privées ou officielles, car ici les particuliers ont aussi leur tâche à remplir; que sont la moitié des lois sous lesquelles nous vivons, sinon l'affirmation de ce fait universellement reconnu qu'à côté de l'intérêt individuel il existe un intérêt social?

Bien loin que ces deux intérêts se contrarient, tout au contraire ils se soutiennent et s'appuient l'un l'autre. Si j'étais un pur individualiste, il me semble que je comprendrais de quelle suprême importance il est pour la réalisation de mon bonheur personnel, de me préoccuper aussi du bien des hommes qui m'entourent, de la prospérité de l'organisme auquel j'appartiens politiquement et civilement. Il est bien clair, en effet, que les intérêts de chacun sont compromis quand un malaise envahit la société, que les classes laborieuses se plaignent d'être exploitées et qu'un bruit de discorde et de protestations violentes monte à l'horizon. Et si j'étais un vrai socialiste, je me dirais aussi, j'imagine, que j'aurais quelques ménagements à garder envers cette grande

masse de citoyens qui redoutent toute déchéance matérielle et morale, et déclarent qu'ils sauront se défendre
si l'on s'avise de les exproprier. De se flatter de créer
une collectivité prospère avec des individualités amoin-
dries, affaiblies, réduites plus ou moins à l'état de
simples numéros, c'est plus qu'une chimère et un non
sens, c'est une aberration d'esprit bien caractérisée.

En fait l'individualisme et le socialisme sont de pures
abstractions. Ni l'un ni l'autre n'a jamais vécu isolé-
ment, excepté peut-être dans l'ile de Robinson Crusoé,
avant la rencontre avec Vendredi. Il n'y a pas de norme
qui permette de s'écrier : l'individualisme va jusqu'à
telle frontière, ici commence le socialisme. On dirait de
deux principes brutalement séparés, mais qui ne peuvent exister qu'à la condition de se réunir à nouveau
et de se combiner dans des proportions d'ailleurs va-
riables. Ce sont deux tendances qui se font contre-
poids au sein des sociétés, et correspondent à ces autres
antagonismes dont le nom est : force centrifuge et force
centripète, esprit de conservation et esprit d'innovation,
ou encore patrie et humanité.

Afin de protester contre l'individualisme intransigeant,
certains hommes ont arboré, sous les vocables de socialistes chrétiens, socialistes de la chaire ou des universités, socialistes d'État, un nouveau drapeau. Les dési-
gnations choisies ne sont pas heureuses, car elles ont
l'air de rattacher au parti de la révolution sociale des
hommes qui en sont fort éloignés. S'il n'était bien tard
pour apporter un terme nouveau, nous proposerions
d'appliquer à ce tiers parti la dénomination d'*intégra-*

listes. De quoi s'agit-il, en effet, dans la pensée de ces différentes écoles pseudo-socialistes? N'est-ce pas d'incorporer, ou, comme on commence à dire dans le langage sociologique, d'intégrer, dans une conception mitoyenne, les éléments sains et légitimes des deux courants extrèmes?

Mais peut-être, après tout, le mot de *fusionnistes* dirait-il plus simplement encore ce qu'il convient de marquer.

Nous avons entendu employer quelquefois, en ces derniers temps, pour désigner les hommes du juste milieu, l'appellation de *solidaristes*, qui marque très heureusement que, dans ce monde où nous sommes, chacun est appelé à s'intéresser d'une manière soutenue au sort d'autrui. Cependant ce terme présente l'inconvénient, à ce qu'il nous semble, de pencher davantage vers le socialisme que vers son contraire, et de reconnaître jusqu'à un certain point le droit pour chacun de requérir l'aide et l'assistance d'autrui. Nous croyons voir les braves gens qui auraient fait profession de *solidarisme*, harcelés par les quémandeurs, et ceux-ci les apostrophant : « Mais n'avez-vous pas déclaré que nous étions tous solidaires, que vous vous occuperiez de nous. » Il y aurait là une sorte de fraternité obligatoire qui sans aller jusqu'au communisme de Pythagore : « Les biens des amis sont communs » — pourrait cependant en suggérer l'idée.

5. Quelque but social que l'on poursuive, il y a trois moyens d'opérer : l'initiative privée, l'intervention de l'État, ou ces deux actions combinées. Le moyen le meilleur est celui qui effectuera le plus sûrement le bien cherché sans engendrer un mal nouveau inquiétant.

On oppose souvent l'effort individuel à l'action des pouvoirs publics. Certaines personnes nourrissent une foi illimitée dans le premier moyen, et une défiance pour ainsi dire innée à l'égard du second. On les verra même, en certains cas, préférer le *statu quo* à une réforme qui ne pourrait être entreprise qu'avec le concours de l'État, dans l'un ou l'autre de ses ressorts. Il faut se défaire de ce doctrinarisme tout d'une pièce.

Les œuvres ne manquent pas, et il faut s'en réjouir, que les particuliers sont à même d'entreprendre et de mener à bien avec leurs seules forces. Il serait très fâcheux, en ce cas, de faire intervenir sans nécessité les pouvoirs publics; mais les choses ne se présentent pas toujours ainsi. Très fréquemment l'initiative privée est impuissante à remplir des tâches nécessaires. Elle n'a pas les ressources d'argent qu'il faudrait, ou bien ce qui lui manque, c'est le droit d'ordonner qui appartient à l'État seul, et, sans coercition, certaines réformes sont condamnées à péricliter ou même à échouer tout à fait. Vous voulez, par exemple, que tous les enfants d'une démocratie qui, demain, seront devenus le peuple souverain, soient initiés aux rudiments des connaissances humaines; comment parviendrez-vous à ce résultat si la collectivité, par ses organes naturels, ne s'en mêle? Ou bien, vous voulez faire disparaître une nuisance telle que celle qui résulte de la mise en location d'appartements notoirement insalubres, et ne pouvant être occupés qu'au détriment de la santé des malheureux qui viendront y échouer : vous n'accomplirez rien, dans une telle question, si vous en êtes réduit à vos propres forces.

Et d'ailleurs pourquoi l'État serait-il un organe dont il faille avant tout se défier et éviter la collaboration? En nos démocraties, l'État c'est nous, c'est l'association politique avec les attributions étendues qu'elle possède de par la volonté générale. On allègue qu'il est envahissant, qu'il aime à s'élargir, qu'il y a danger réel à augmenter les fonctions dont il est investi, le personnel qu'il a sous ses ordres, à enfler le budget de nouvelles dépenses... Tout cela peut être vrai, mais c'est aux citoyens à se garer contre les dangers qu'ils redoutent, à prendre leurs précautions, à faire exécuter par leurs mandataires tout juste ce qu'ils désirent. Que s'il leur est difficile d'arriver à ce résultat, c'est évidemment que certains rouages font défaut à la machine politique. A eux alors de rechercher les moyens de tenir en échec les hommes qu'ils ont placés à leur tête; les réformes politiques, nous l'avons dit, peuvent seconder les réformes sociales.

Ainsi, d'après nous, il n'y a nulle opposition entre le progrès accompli sous les auspices des citoyens agissant de leur plein gré, par intérêt social, et le progrès dont l'État deviendra le principal agent. Ce qui importe, c'est le bien à faire, et non la manière dont il se fera.

Dans la pratique, tous les moyens sont bons qui mènent au but. Montaigne disait spirituellement que là où le français n'allait pas il se servait du gascon. C'est le vrai principe.

Prenons un cas concret. Supposons, ce qui n'est point

rare, une ville opérant des percements de rues dans ses vieux quartiers habités surtout par la classe laborieuse. Nombre de ménages ouvriers se voient dans la nécessité d'émigrer. Or, il se trouve qu'il y a pénurie d'appartements à leur usage, les personnes qui construisent préférant aux maisons à appartements modestes les habitations bourgeoises ou riches. Bref, l'embarras est grand pour tous ces locataires chassés de chez eux, et qui doivent absolument trouver un abri; il est d'autant plus grand que les maisons abattues seront reconstruites en immeubles plus chers.

En présence de cette situation, il pourra paraître expédient de faire intervenir les pouvoirs locaux, et en réalité, c'est ce qui a eu lieu dans nombre de cas (voir pour le détail le livre de M. Roulliet, *Des habitations à bon marché : législation*, 1889). Aussi bien l'autorité locale est-elle en partie responsable du désarroi qui s'est produit, puisque c'est elle qui a fait mettre la pioche et la hache dans les vieux quartiers; une loi du 19 août 1890 l'oblige même à prendre, en Angleterre, les mesures relatives au « logement des locataires expulsés. » La municipalité pourra procéder directement ou indirectement. Elle pourra faire construire à ses frais et pour son compte, ou par d'autres, en offrant, par exemple, à une société financière, une garantie d'intérêt. Et pourquoi pas, après tout? On voit bien des villes fabriquer et vendre du gaz, de l'électricité, de la force motrice, ou exploiter des immeubles divers : est-ce que de construire un groupe de maisons serait plus risqué? On aurait tort de crier au socialisme? Le tout est de bien prendre ses précautions, et peut-être suffira-t-il d'une initiative officielle très restreinte et d'un sacrifice des plus minimes pour rendre un service immense à de nombreuses familles, d'autant plus que ce sera souvent, pour l'initiative privée engourdie, un stimulant à se ressaisir et à se mettre de la partie.

La grande règle de conduite, c'est donc de tenir pour bon ce qui est utile. Toutefois quelques mots d'explication à ce sujet sont nécessaires.

L'utilité que nous avons en vue est celle qui se rapporte au bien-être général, qui est positivement d'intérêt public. Mais à quel signe, à l'aide de quel critère, discernera-t-on l'or pur du vil métal?

Rentre dans l'or pur toute mesure qui réalise un degré de protection ou de justice sociale supérieures, qui défend, en chaque membre de la communauté, ce qui doit être respecté en l'homme: sa vie, les circonstances favorables à son développement, la jouissance de ses droits imprescriptibles.

A ce titre, on devra écarter comme ne présentant pas les conditions voulues, toute mesure qui tendrait à assurer à une catégorie de gens déterminée des avantages spéciaux, et les mettrait dans une position privilégiée en regard du reste de la communauté. Les tentatives de ce genre doivent tomber sous le coup des sanglantes paroles de Bastiat : « L'État, c'est la grande fiction à travers laquelle tout le monde s'efforce de vivre aux dépens de tout le monde. » Certaines initiatives, cependant, peuvent favoriser directement certains groupes sans être entachées du reproche que nous formulons en ce moment parce que, indirectement du moins, elles apportent un élément de prospérité générale. Exemple : la création d'une école technique, utile en première ligne aux familles des élèves, mais qui intéresse cependant le pays tout entier.

Nous refusons aussi le caractère d'utilité aux mesures qui auraient pour effet de démoraliser ceux à l'intention de qui elles sont prises. Nous nous rappelons M. Jules Guesde célébrant les mérites des cantines scolaires organisées par une municipalité socialiste française, dans lesquelles tous les élèves étaient astreints à se rendre. On ne voulait pas marquer de différences entre eux. Mais, à part ce qu'il y a d'injuste à demander de l'argent aux contribuables pour fournir, même à des personnes en position de satisfaire à leurs besoins, des repas à prix réduit, que saurait-on imaginer de plus funeste à la dignité humaine que cette sorte de prytanée scolaire ?

En soutenant la nécessité, dans nombre de cas, du concours de l'État ou de ce qu'on appelle abusivement le socialisme d'État, nous n'avons point prétendu que ce concours dût être universel et absolu. L'intervention des pouvoirs publics peut être bonne comme elle peut être néfaste, et autant nous la défendons quand elle est urgente, autant nous estimons qu'il faut la combattre là où elle n'a que faire et ne se recommande pas absolument.

Les individualistes intransigeants estiment que c'est en refoulant l'État de partout et en l'attaquant systématiquement sur toute la ligne qu'ils lui tiendront le mieux tête. Nous ne partageons pas cette manière de voir. La modération ajoute à l'autorité et, outre la question de fond, c'est-à-dire la recherche du vrai ; il y a encore un intérêt de tactique dans la lutte contre le mauvais socialisme d'État, à ne pas traiter l'État comme un ennemi, ce qui irrite toujours quelques esprits tempérés.

Au surplus, le tout ou rien appliqué à cette question est une arme qui se brise dans la main, car, de l'aveu de tous les esprits réfléchis, il y a entre l'individualisme et le socialisme une zone neutre où il est difficile de dire sur quel terrain l'on marche.

6. *Le socialisme d'État n'est pas une nouveauté, et il n'implique pas nécessairement un élargissement des fonctions dévolues aux pouvoirs publics, soit de l'étatisme.*

Le socialisme d'État est la tendance à se servir de la force dont dispose l'État pour exécuter certaines entreprises considérées comme ayant un côté social, et que les particuliers ne seraient pas toujours à même de faire aboutir sur le terrain de l'initiative privée. Pour nouvelle que soit la désignation usitée, la chose qu'elle recouvre est aussi ancienne que le monde. En vertu de l'adage que charité bien ordonnée commence par soi-même, tous les gouvernements ont plus ou moins soigné, à côté des intérêts généraux du pays qui leur étaient confiés, les intérêts de la classe à laquelle ils appartenaient eux-mêmes et devaient leur existence politique.

Les voici, par exemple, qui avaient à résoudre le problème de la répartition des charges publiques entre les citoyens. S'ils étaient restés dans les sages principes formulés par Adam Smith, ils auraient dit : Nous allons faire reposer les taxes sur tous les membres de la communauté, proportionnellement à leurs ressources respectives. Mais ce n'est pas ainsi que l'on a procédé.

Les gouvernements, formés en général de gens possédant une certaine aisance, ont fait payer à la masse, aux classes laborieuses, le plus qu'ils ont pu, et une part manifestement exagérée. Ils ont trouvé un impôt fort commode à percevoir, l'impôt de consommation, et ils en ont abusé. Une famille pauvre, comptant de nombreux enfants, est taxée dix ou vingt fois plus, dans ce système, qu'une famille riche, en ce sens que la quote-part qu'on lui assigne pèse 10 ou 20 fois plus fort à l'éxiguïté de ses ressources. On nous dit qu'à l'heure où nous écrivons, le litre de pétrole qui se paie actuellement 20 centimes en Suisse, coûte en Italie 60 à 70 centimes. On ne nous fera pas croire que, dans ces conditions, la répartition des impôts demeure égale pour tous. Les impôts indirects, que l'Italie n'est pas seule à connaître, établissent des inégalités souvent odieuses. Les conservateurs reprochent parfois aux hommes de l'extrême gauche, dans les assemblées politiques, d'avoir introduit l'idée d'un impôt progressif; ils font erreur, l'impôt progressif est leur propre invention, il en ont fait un emploi qui démontre bien à quel point il leur convenait : seulement, c'est un impôt progressif à rebours, frappant les petites bourses plus impitoyablement que les grosses et, en procédant de la sorte, ils faisaient du socialisme d'État.

Autre exemple. On s'est avisé un jour que l'on pourrait charger l'État de procurer dans de bonnes conditions un théâtre aux citoyens qui apprécient ce genre de divertissement. Cette demande a été colorée de considérations très hautes sur le devoir de l'État, c'est-à-dire des contribuables, de favoriser le culte des muses. Les promoteurs de cette nouvelle application du socialisme d'État se sont bien gardés, au moment où ils faisaient appel à la générosité des pouvoirs publics, de prendre l'avis de Bastiat et des autres économistes de l'école libérale dont nous les entendons, en d'autres occasions, exalter les doctrines. Il est vrai qu'ils n'eussent guère été encouragés. « Qui osera affirmer qu'il est moral » s'écrie Bastiat, « de prendre un morceau de son pain au paysan qui a faim pour mettre à la portée du citadin la douteuse moralité des spectacles? » On leur parle encore d'immenses démocraties, par delà les mers, dans lesquelles le théâtre subventionné est resté inconnu; ou bien, on leur fait observer que lorsqu'ils font jouer des drames et des opérettes, ou battre des entrechats aux frais des contribuables, ils doivent combler de joie ceux dont la formule se ramène à ces mots « l'État partout! » N'importe; le théâtre officiel est un fait général dans la vieille Europe.

Les adversaires violents du socialisme d'État, si acharnés à lui rompre en visière, feraient donc assez bien de cesser, tout au moins, de le présenter comme une nouveauté. Il est, au contraire, aussi vieux que le monde. Une seule chose change : les hommes qui se succèdent au pouvoir et qui, tous, sont portés à avantager spécialement la classe dont il sont issus.

Nous sera-t-il permis de demander aussi, par la même occasion, qu'on veuille bien nous épargner la légende selon laquelle il y aurait actuellement des pays qui ont le bonheur, à part de légères inconséquences, d'ignorer en quelque sorte le socialisme d'État? Mais où sont-elles, ces exceptions? Serait-ce, par exemple, l'Angleterre? La vérité est qu'elle fait comme tout le monde, peut-être avec une plus grande absence d'esprit du système, ce qui ne veut pas dire qu'elle se montrera plus timide pour cela. « Les pouvoirs publics » écrit M. James Williams [1], ont cessé d'intervenir là où ils intervenaient auparavant, comme dans le cas des maladies contagieuses. Ils interviennent, au contraire, dans des cas où ils s'abstenaient, ainsi en ce qui concerne l'amélioration du logement des pauvres. Souvent l'intervention ou la non-intervention dépendent moins d'un principe établi que de l'opinion du Parlement ou de l'expression du sentiment populaire à un moment donné. » On se rendra compte, en lisant le travail auquel nous empruntons ces lignes, que le socialisme d'État a bel et bien envahi le Royaume-Uni. Nous indiquerons plus loin (n° 7) une circonstance qui a favorisé cet essor.

Mais, peut-être, citera-t-on les États-Unis comme le boulevard du vieil individualisme, un peu partout battu

---

[1] Mémoire présenté à la Section XVI d'Économie sociale de l'Exposition universelle de Paris, 1889.

en brèche. Il y aura alors intérêt à rapporter l'opinion qu'exprimait au mois de juin dernier le juge Brown, de la cour suprême des États-Unis, dans une allocution prononcée devant les étudiants en droit de l'Université d'Yale. Voici ses propres paroles qui montrent qu'une évolution se prépare :

Du malaise social actuel « nous paraît devoir résulter assez probablement un élargissement des fonctions gouvernementales et la nationalisation des monopoles naturels. Nous pouvons confier sans inquiétude au gouvernement l'expédition de nos lettres et journaux; mais pourquoi pas aussi nos télégrammes et nos paquets, comme c'est presque partout le cas en Angleterre, pourquoi pas encore nos voyageurs et nos bagages, en le rendant propriétaire des chemins de fer...? Et si l'État est maître des routes, pourquoi pas des chemins de fer? Et si une municipalité possède des rues, les pave, y établit les égouts, les balaie, pourquoi ne pourrait-elle pas aussi les éclairer, les arroser, et y opérer le transport des citoyens? Telle est, du moins la tendance du législateur moderne dans presque toutes les nations avancées, la nôtre exceptée. »

A présent que faut-il penser des dangers résultant de ce qu'on devrait appeler l'interventionnisme, en renonçant au cliché décidément usé du socialisme d'État?

Nous remarquerons, en premier lieu, que dans nombre de circonstances, on peut obtenir des résultats de grande portée, d'une simple ordonnance ou réglementation ne comportant qu'une insignifiante dépense de contrôle ou d'inspection. C'est ainsi qu'en plusieurs con-

trées, des lois ont été votées pour assurer les conditions
hygiéniques de l'atelier ou limiter le travail des enfants.
Voilà du moins une intervention officielle d'une extrême
simplicité.

Ce qui arrête surtout, quand il est question du socialisme d'État, c'est la crainte de s'engager dans une voie
coûteuse : capitaux à fournir pour les entreprises pro-
jetées, création de services spéciaux pour présider à
leur fonctionnement, développement de la bureaucratie
et du fonctionnarisme. Il est bien certain que tout cela
demande à être considéré et, dans nombre de cas, lorsqu'on aura bien pesé les charges qu'entraînerait une
nouvelle intervention officielle, on trouvera plus avantageux d'y renoncer. Cependant, à ceux qui s'effraient,
et à juste titre, des conséquences qui pourraient résulter d'un agrandissement immodéré de la sphère d'action des pouvoirs publics, nous présenterons les remarques suivantes :

Nous ne voulons pas, dira-t-on, peut-être, de socialisme d'État, parce que les gouvernements, dans tous
les ressorts administratifs, ont déjà plus de responsabilités, plus de fonctions et de devoirs qu'ils n'en peuvent assumer. L'objection n'est pas sans valeur. Toutefois avant de s'écrier que la mesure est comble, avant
de proclamer que la voiture gouvernementale regorge
d'interventions officielles et d'abaisser sur la portière la
pancarte *complet*, on devrait se demander si, peut-être,
on ne pourrait pas prier quelqu'un de descendre. Est-il
prouvé que, dans les tâches actuellement confiées à la
collectivité, il n'y ait ni suppression ni restriction à

opérer? Nous avons parlé du théâtre, mais ce n'est pas là le seul exemple d'un retranchement possible. Le socialisme d'État ne comporte pas nécessairement une extension des fonctions de l'État; il y aurait plutôt, à notre sens, une] transposition à opérer; ajouter ici, retrancher là, voir ce que les corps constitués sont aptes à accomplir, le leur confier et, d'autre part, leur retirer les mandats qui leur incombent uniquement en vertu de la routine, et non par la force des choses.

Mais voici le nœud du débat, le point essentiel qu'il convient de mettre en lumière. Les gouvernants ne sont pas des êtres surnaturels. Or, étant admis que les hommes qui gèrent les intérêts communs ne possèdent pas toutes les compétences et ne peuvent tout faire directement, il y a urgence à ce qu'ils se déchargent sur les citoyens d'une partie des choses dont ils sont appelés à s'occuper. En d'autres termes, pour porter des fruits heureux, le socialisme d'État doit marcher de conserve avec une certaine décentralisation, dans laquelle tous les citoyens deviennent plus ou moins des collaborateurs des autorités établies. Dans ces conditions l'État ordonne, mais il n'agit pas lui-même. Il laisse aux citoyens le soin de remplir les nouveaux services publics constitués à part, en organes indépendants.

C'est ainsi, qu'en divers pays tels que l'Angleterre, les États-Unis et l'Allemagne, nous voyons de gros intérêts groupés à côté de la gestion officielle, ayant même un budget indépendant, et relevant cependant de l'État. Le rôle des pouvoirs publics consiste alors à créer le rouage jugé utile, mais à se retirer de l'œuvre, dès

qu'elle est devenue viable. Nous pouvons citer, entre
autres exemples, l'instruction publique dans les pays
anglo-saxons, qui a appelé à son service les conseils
d'école, et en Allemagne, les assurances ouvrières, que
nous allons retrouver plus loin.

C'est dans cette voie qu'il faut s'engager, car les
administrations sont souvent congestionnées de centralisation ; mais il y a lieu de considérer encore avec quelque détail le principe que nous venons de poser.

7. *La décentralisation administrative est favorable au
progrès social.*

Peut-être hésitera-t-on, et très sagement, devant une
initiative officielle qui devrait s'étendre à toute une
nation, mais les craintes ne seront plus les mêmes s'il
s'agit seulement d'un essai à tenter dans une province,
un district ou une commune. L'expérience réussit-elle,
il ne reste plus alors qu'à la généraliser; échoue-t-elle,
elle peut être abandonnée sans que tout cela coûte trop
cher au pays.

La commune — on l'a justement observé — est appelée à devenir le centre de la vie publique, comme
qui dirait une petite société coopérative dont tous les
habitants sont actionnaires, et qui poursuit le bien général. Écoutons là-dessus une déclaration de M. Chamber-
lain, l'homme d'État anglais :

« L'administration municipale est le meilleur moyen
pour obtenir des réformes sociales, à l'aide desquelles
les richesses et les ressources communales pourront
être accumulées et employées d'une manière plus con-

venable pour satisfaire les besoins les plus urgents des citoyens peu aisés, ainsi que pour élever, en général, le niveau économique et moral de la population tout entière.

Veut-on voir maintenant une commune remplir le programme que l'on vient de lire? Nous irons la prendre en Angleterre, et l'on pourra achever de se convaincre que, même en ce pays, l'horreur inspirée à quelques-uns de nos économistes par tout ce qui ressemble au socialisme d'État n'est pas aussi vive qu'on pourrait le croire, grâce à la décentralisation, poussée très loin, et qui prévient les conséquences fâcheuses.

La ville de Glascow s'est chargée du service des eaux, de l'éclairage (gaz et électricité), et possède en outre, ses tramways. Elle s'est dit qu'il y avait là des entrepri-ses d'un grand intérêt public, où elle pourrait réaliser de beaux bénéfices tout en procurant aux consommateurs une meilleure hygiène, des facilités diverses, et en leur faisant faire encore de notables économies. Quant à risquer son crédit, c'est une crainte qu'elle n'éprouva pas, car les exploitations en question offraient les garan-ties d'un rendement assuré et d'une extension progres-sive. Elle pouvait, dès lors, renoncer à l'intermédiaire onéreux de compagnies faisant des affaires certaines au détriment des citoyens.

La municipalité de Glascow, qu'on se rassure, n'a point arboré le drapeau rouge, et l'une des grandes revues anglaises, dernièrement encore, rendait justice à son esprit de modération; mais elle a montré, il faut le reconnaître, une remarquable initiative. La socialisation des services publics qui nous occupe, n'a pas absorbé toute son activité, qui s'est étendue encore dans d'autres directions. C'est ainsi qu'avec de l'argent emprunté à 3 1/2 0/0, elle a construit des maisons ouvrières qui lui rendent du 5 0/0, et cela bien moins avec l'intention de se donner un nouveau monopole que dans le désir d'entraîner, par son exemple, l'initiative individuelle. Elle a voué également ses soins à l'amélioration des jardins publics, et organisé des concerts populaires à bas prix, qui ont réduit la clientèle des cabarets.

En Suisse, nous n'en sommes plus à compter les faits analogues. La ville de Genève annonçait, il y a quelque temps, qu'elle allait fournir elle-même, outre l'eau, le gaz et l'électricité, cette dernière provenant des puissantes forces motrices du Rhône, captées par ses soins. La municipalité a écarté l'idée d'affermer ces exploitations à des compagnies. La voilà donc qui va se faire entrepreneur industriel. Cette initiative, qui n'a soulevé aucune opposition, part d'une administration dans laquelle l'élément conservateur dispose d'une immense majorité. Et ceci coïncidait, à quelques jours près, avec l'intention manifestée par la législature cantonale d'accorder une garantie d'intérêt à une société qui se chargerait de construire des maisons ouvrières.

Dans le canton de Neuchâtel nous visitions, il y a quelque temps, une petite localité de la partie rurale du pays, et nos regards furent arrêtés par un grand bâtiment de date récente. On nous apprit que c'était une fabrique d'horlogerie où l'on fait la montre à bon marché, et qu'un chef d'entreprise avait offert de venir s'établir en ces quartiers, si on lui fournissait les installations nécessaires. Les habitants de cette région sont presque également partagés entre agriculteurs et horlogers; il y avait donc un intérêt majeur pour eux à se prêter à la combinaison. La municipalité proposa de donner le terrain et une allocation de 100.000 fr. à l'entreprise, ce qui fut ratifié par le vote quasi unanime des électeurs, dont quatre seulement, contre 182, firent opposition. Le milieu où ceci se passait jouit d'un excellent renom de sagesse pratique et d'honnêteté en affaires. Voilà des choses qui sont possibles avec une population sérieuse. Dans d'autres circonstances, on pourrait craindre les aventures et la fiscalité, bien qu'il y ait un frein à ces entraînements dans l'importance des intérêts en cause.

Cependant la décentralisation est sensiblement plus accentuée encore dans la Suisse allemande que dans la partie française de la nation helvétique, où la vieille doctrine unitaire de l'*imperium romanum* a laissé des traces lentes à s'effacer. Aussi à Zurich, à Berne, à Bâle et dans nombre d'autres cantons, voyons-nous des questions très diverses résolues par l'initiative de communautés restreintes.

A Berne, la ville fédérale a fait construire des habitations ouvrières dont le besoin était urgent; elle les loue, et les économistes les plus conservateurs n'ont rien trouvé dans cette initiative qui pût engager inconsidérément l'avenir. Nous avons vu encore, à une date plus rapprochée — fin de décembre 1894 — la même commune de Berne décréter par un vote populaire, la première application aux affaires locales, en Suisse, du système de la représentation proportionnelle.

A Zurich, vers la même époque, la municipalité votait une loi sur l'assurance obligatoire contre le chômage, et rachetait les tramways.

Enfin, il n'y a également que quelques mois, le demi-canton de Bâle-ville, qui ne forme guère, à vrai dire, qu'une grande commune, rachetait de son côté tout le réseau de ses tramways et annonçait son dessein de les exploiter sans préoccupation fiscale et d'une manière plus avantageuse pour la population.

On aura remarqué que l'autonomie locale profite en même temps aux questions sociales et aux questions politiques, entre lesquelles il est d'ailleurs si difficile de tracer une ligne de démarcation. Nous pourrions, en parcourant les pays décentralisés, relever encore plusieurs exemples fort instructifs; qu'on nous en permette deux de plus.

La décentralisation a donné aux contrées anglo-saxonnes les conseils scolaires, qui placent la direction de l'école dans la commune, tout en la subordonnant à certaines règles générales. Grâce à ce système, il y a moyen d'essayer de nouvelles méthodes, d'échapper à la routine et à la bureaucratie. C'est un autre idéal, et bien meilleur, que celui de ce ministre de l'instruction publique en France auquel, raconte l'histoire anecdotique, il arrivait de s'écrier avec un bonheur infini en tirant sa montre : Quand je pense pourtant que, dans tous les lycées, on traduit en ce moment la même page de Cicéron, Horace ou Virgile.....

Signalons encore dans l'Union américaine l'existence du *local option*, qui n'est en fait qu'un droit d'initiative populaire restreint à deux points de vue : en ce qu'il ne s'applique qu'aux ressorts locaux, comme l'indique son nom, et à la seule question de la vente des spiritueux sur laquelle il permet à la population d'opter — comme dit encore son nom — entre la prohibition ou l'existence de débits. Il y a là une manière très normale de se tirer d'une question épineuse. Les États qui le désirent, décrètent que l' « option locale » est autorisée sur leur territoire, et les communes s'en servent si elles y voient leur intérêt. Tout fait prévoir qu'avec le temps la consultation populaire, au lieu de porter sur une alternative pure, *oui* ou *non*, permettra d'entrer plus avant dans le cœur de la question, et de résoudre ainsi divers détails qui ont leur intérêt, tel que celui de l'ouverture ou de la fermeture des établissements publics le dimanche. On sait quel bruit cette question a fait dernièrement dans la ville de New-York.

Une remarque en passant. Bien que se rattachant à l'Angleterre par ses origines, le *local option* est encore étranger au droit public anglais. Il fut cependant question dernièrement, en Angleterre, d'une mesure analogue. Nous faisons allusion à certain *local veto bill* autorisant les communes à intervenir, d'une manière indépendante et par voie de consultations populaires, au sujet de la vente des spiritueux. Ce bill, qui fit grand bruit vers la fin du ministère Rosebery, contribua à la chute du parti libéral aux élections de 1895, ayant aliéné aux gouvernementaux le groupe influent des débitants de boissons.

Nous ne saurions prédire, malgré les hauts patronages qui entourent et protègent son berceau, quel sort attend la « ligue nationale républicaine de décentralisation » que l'on cherche en ce moment à organiser en France. Mais ce qu'il nous sera bien permis d'affirmer, c'est que nulle réforme, à nos yeux, ne pourrait être plus féconde. Outre les fruits qu'elle pourrait porter dans la mère-patrie, quel rôle n'aurait-elle pas à remplir dans la politique coloniale? Nous formons pour elle les vœux les plus ardents, sans nous dissimuler néanmoins la difficulté de remonter les courants anciens et bien établis.

En terminant nous rappellerons le nom de Le Play. On sait combien il insistait sur le rôle de la décentralisation administrative dont il attendait, en particulier, la solution pratique de la question du repos hebdomadaire.

8. *Toute conquête de la démocratie sincère sur la pseudo-démocratie est propice à l'étude des questions sociales.*

Une fois les tyrans abattus et la démocratie proclamée, il se passe un temps plus ou moins long dans lequel le pouvoir est monopolisé par des cliques, sortes de consortiums pour l'exploitation des avantages du gouvernement. Mauvaises conditions pour aborder les questions sociales, qui ne sont traitées alors qu'au point de vue des intérêts des groupes politiques en présence, et sans conviction aucune.

Mais quand la démocratie digne de ce nom fait son apparition, les circonstances sont meilleures. Supposons par exemple, la représentation proportionnelle substituée au régime électoral actuellement en vigueur dans la plupart des nations : le résultat au point de vue du progrès social sera des plus réjouissants.

Jusqu'ici, pour qui parlait, trop souvent, l'orateur parlementaire? Pour la galerie. Dans le système proportionaliste, il devra avant tout exprimer l'opinion du groupe qu'il représente sur une question donnée, défendre un programme précis. Plus indépendant du joug des coteries et de la discipline des grands partis, formés d'alliances et de compromis, il sera aussi plus sérieux, plus préoccupé de faire œuvre constructive. Les assemblées délibérantes tendront à devenir des sociétés officielles d'études sociales, en mesure de donner à leurs travaux une sanction pratique.

Nombreuses sont les sociétés privées qui s'occupent de travaux sociologiques, mais sur le terrain privé, et ce n'est pas nous qui en rabaisserons le mérite ; il arrive trop souvent pourtant que l'on n'y fait pas grand'chose ou que l'on y perd son temps. Manque de zèle peut-être, mais conséquence aussi de la composition trop uniforme et unicolore de ce genre d'associations. Les unes ont pris la cocarde conservatrice, les autres les différents insignes du libéralisme, du radicalisme ou du socialisme : la contradiction n'y a pas une place suffisante. Or, des assemblées dans lesquelles entreront les éléments les plus variés, et qui se trouveront mises en présence des réalités, des problèmes pressants, donneront lieu à des délibérations fécondes, et en tous cas utiles, dont les comptes rendus des journaux ou des bulletins officiels multiplieront le retentissement. Sans être encore absolument concluante, l'expérience faite en Suisse de la représentation proportionnelle nous autorise à nourrir cet espoir.

Les autres progrès de la démocratie directe, referendum, initiative populaire, contribueront encore nécessairement à l'heureux résultat que nous saluons, et cela en manifestant nettement l'opinion du pays et en éliminant ainsi des débats publics certaines questions qui les encombrent. C'est ce qu'a montré avec force, en Suisse, l'échec subi devant le peuple par le principe « du droit au travail », dont il n'a plus été parlé depuis. Peut-être les considérations que nous venons de présenter causeront-elles à quelques personnes un premier moment de surprise; mais nous serions étonné à notre tour si nos lecteurs, pour peu qu'ils y réfléchissent, n'en sentaient pas bien vite la justesse et la portée.

Se sont-ils demandé par qui, au milieu de nos collectivités modernes, les questions sociales sont surtout traitées? Il y a d'abord le monde des publicistes et des professeurs, puis les hommes moins en vue voués à la théorie ou à la pratique, et qui ne sont pas toujours les moins utiles; mais, d'une manière générale, les questions d'intérêt social sont livrées aux hommes mêlés à la politique à un titre ou à un autre. Si donc ces hommes obéissent à des motifs peu relevés, que va-t-il advenir? Les voilà fomentant le désordre, détournant les esprits des pensées sérieuses, semant l'irritation et la chimère, à la place des idées d'apaisement et de progrès, ou éludant purement et simplement les problèmes.

Il saute aux yeux, dès lors, qu'une forme nouvelle de la démocratie, susceptible d'affaiblir le politicianisme et de porter les hommes revêtus des charges publiques à plus de gravité dans l'examen des grosses questions du jour, ne saurait être considérée comme un facteur de minime importance.

9. *Les mêmes choses peuvent présenter des caractères diamétralement opposés, selon l'esprit dans lequel elles sont abordées.*

Les écoles socialistes avancées sont unanimes à préconiser la prise de possession par la communauté de la plupart des instruments de travail : terre, chemin de fer, usines, exploitations industrielles diverses. Il leur plaît de voir l'État se substituer, en tant que propriétaire et chef d'entreprise, aux compagnies privées. Cela étant, on ne saurait s'étonner que certains économistes considèrent les monopoles d'État, presque sans distinction, comme un article du programme socialiste. Il nous souvient de nous être entendu traiter nous-même de socialiste, pour avoir soutenu l'opinion que l'exploitation des tramways par les villes était une mesure qui pouvait se justifier, et qui se recommandait à l'étude des esprits réfléchis et désintéressés dans la question.

Nous avons montré pourtant les villes de Zurich et de Bâle-ville en Suisse, et la cité de Glascow rachetant leurs tramways, et cela dans un esprit de conservation sociale absolue. Ce n'est pas dans d'autres sentiments qu'en Belgique, en Allemagne, en Danemark, l'État s'est rendu acquéreur de certaines portions du réseau des chemins de fer, ni qu'en Suisse, à la quasi unanimité, les chambres se prononçaient en principe pour la reprise des chemins de fer par la Confédération.

Loin de nous la pensée qu'il y ait lieu de nationaliser tout au monde. Nous hésiterions même à dire que les moyens de transport sur rails, qui n'existent qu'en vertu de concessions officielles, doivent toujours dorénavant relever de l'État, sous l'une quelconque de ses formes concrètes. Il nous paraît naturel cependant qu'il exploite lui-même ces entreprises, s'il estime pouvoir, sans risque financier sérieux, opérer aussi bien que les compagnies privées et peut-être à des prix plus modérés ; mais s'il n'arrivait pas à cette conviction, ou s'il s'estimait trop faible pour résister à la poussée de la démocratie lui demandant des places dans ces services, comme dans un hôpital, pour les gens sans emploi et les éclopés de la vie, nous trouverions tout naturel qu'il renonçât à une tâche trop lourde pour ses épaules. Ce sont là de grosses questions, dans lesquelles il entre du pour et du contre, et qui veulent être examinées de près, sans entraînement et sans passion.

Nous conviendrons même que certains monopoles seraient mortels, auxquels il y a dès lors urgence à barrer le chemin. Nous n'avons pas oublié, par exemple, le parti violent qui, en France, sous la Convention, prétendit obliger les familles à envoyer leurs enfants dans les établissements d'instruction officiels, rêvant, non seulement la scolarité obligatoire, mais encore l'école de l'État obligatoire.

Ce sont là de déplorables excès, mais que penser des exagérations en sens contraire, et valent-elles beaucoup mieux?

Nous connaissons des théoriciens qui en sont restés à la vieille définition que l'État ne se charge que des fonctions dont les particuliers ne sauraient s'acquitter. Tout accroissement de ses attributions nécessaires leur paraît une faute, un acheminement au socialisme. Il est visible qu'ils regrettent qu'il y ait des écoles de l'État, quand bien même il a été démontré par l'expérience qu'il fallait de telles écoles si l'on voulait former un peuple pour le fonctionnement de la démocratie, et lui assurer les conditions propres à sa prospérité. La poste officielle ne leur dit rien qui vaille, et il allèguent, entre autres raisons, que ce régime ne permet pas toujours aux destinataires victimes de quelque irrégularité, de se pourvoir contre le coupable, qui a eu soin de limiter à un certain chiffre la marge de ses risques. Ils ne pensent pas autrement du télégraphe monopolisé par l'État, et pourtant lorsqu'un Européen passe aux États-Unis où le télégraphe est resté une affaire privée, il ne trouve pas en général que tout soit pour le mieux dans le meilleur des mondes, et il regrette aussi que la poste américaine ne comprenne pas le service des messageries.

En ces derniers temps, en France, les antimonopoleurs se sont émus de la perspective d'un accaparement par l'État de la vente des alcools. C'est le projet bien connu patronné par M. Alglave. A ce sujet, ils se sont livrés à une critique acharnée du système du monopole des alcools en Suisse, qui leur a fourni une occasion de plus de se déchaîner contre le socialisme d'État. Il est de fait que ce monopole n'a pas donné tout ce que ses promoteurs avaient promis, et que plusieurs des objets qu'il poursuit auraient pu être atteints par une autre voie, et peut-être plus sûrement, mais il est bien certain aussi qu'il a marqué en Suisse un premier pas dans l'action officielle pour la répression de l'alcoolisme. En tout cas, il n'a jamais été accusé sur les lieux de marquer une étape vers le socialisme, il n'a pas suscité d'opposition sur le terrain des principes, et c'est même dans les milieux conservateurs qu'il a rencontré le moins d'adversaires.

D'après certains théoriciens, l'impôt progressif serait l'abomination de la désolation, une invention du démon, à moins que ce ne soit de ces socialistes échevelés rêvant de mettre leur patrie à la curée. Il est même des milieux où le simple impôt sur le revenu fait jeter les hauts cris. Le congrès américain votait l'hiver dernier un impôt de ce genre fappant les contribuables à partir de 20,000 fr. de rente annuelle, mais la cour suprême de Washington déclara cette mesure inconstitutionnelle, en tant que distinguant entre les riches et les pauvres, et violant le principe de l'égalité démocratique !

Nous connaissons cependant certains États dans lesquels ni l'impôt sur le revenu, ni même l'impôt progressif ne déchaînent de telles oppositions. L'*income tax* à échelle mobile n'a pas fait de la conservatrice Angleterre un pays inhabitable, et comme la portée d'une expérience ne dépend pas toujours de son ampleur, on nous permettra encore deux exemples pris en Suisse.

La petite république de Genève possède dans ses lois fiscales une taxe sur la fortune mobilière reposant sur la déclaration d'honneur des citoyens, contrôlée cependant s'il y a lieu, — et chacun la regarde comme la chose du monde la plus normale. Elle ne fut d'abord que proportionnelle au chiffre de capital ; elle est aujourd'hui progressive avec deux catégories, on pourrait même dire trois, car les premiers mille francs de capital sont au bénéfice d'un dégrèvement. Personne ne s'est ému de l'arrivée de l'impôt progressif, et il est·même assez piquant que cette petite révolution pacifique ait été accomplie sur l'initiative du président du département des finances, qui était alors le chef de la droite.

Tout à côté, contigu à celui de Genève, un autre canton, celui de Vaud, a institué aussi un impôt progressif sur la fortune mobilière, qui n'a point rencontré la même approbation générale. Il est vrai qu'il se ressent des luttes violentes au milieu desquelles il fut élaboré. Patronné par les radicaux, chez lesquels domine l'élément agraire, il fut combattu à outrance par les conservateurs qui contestaient même la légitimité du principe et crurent discerner chez leurs adversaires l'arrière-pensée de décharger la propriété rurale aux dépens du capital. Le fait est que tout impôt qui excède la mesure, ou qui ne s'inspire pas du principe de l'égalité des citoyens devant le fisc, est mauvais. Il convient aussi, en pareille matière, d'éviter les tracasseries et les vexations administratives.

Nous ne clorons pas ce chapitre, déjà nn peu long, sans blâmer ainsi qu'il convient ces économistes plus portés à polémiser qu'à discuter, et qui subodorent du socialisme dans tout ce qui est nouveau ou en dehors de leur programme. On dit de certaines gens qu'ils voient rouge : ceux-là voient socialiste. Il n'est presque pas de jour qu'ils ne signalent des concessions au socialisme..., la marée montante du socialisme... Certes, si les morts entendent, il y a de quoi faire tressaillir de joie les mânes de Karl Marx.

A quoi bon tout ce tapage et ces folles clameurs? Il s'est fait toujours du socialisme. Toute vie collective suppose un certain degré de socialisme, c'est-à-dire de subordination de l'intérêt privé à l'intérêt général, et de coopération obligatoire. Nombre de réformes furent combattues à l'origine comme socialistes qui sont aujourd'hui entrées dans les mœurs, et sur lesquelles personne ne voudrait revenir. L'intervention officielle cependant est bonne ou mauvaise, et il y a lieu de choisir. Que l'on choisisse donc, et que l'on ne décide qu'à bon escient, mais que l'on en finisse avec les jérémiades et les ritournelles! L'éloquence sensationnelle sème la défiance. Et pourquoi mettre constamment à l'actif des socialistes dangereux des victoires apocryphes, et leur donner une importance qu'il n'ont pas?

10. — *L'économie sociale doit s'appuyer autant que possible sur l'expérience et ne pas se considérer comme une science de pur raisonnement.*

Si c'était une science déductive, elle n'aurait pas

besoin de regarder ce qui se passe dans le monde. Nous nous expliquons qu'un géomètre, un métaphysicien arri-vent à des résultats magnifiques sans quitter leur cabi-net. Que font ces hommes? Ils partent d'axiomes reçus au moins dans le groupe spécial d'initiés auxquels ils s'adressent, et ils en tirent tout ce qu'ils réussissent à en faire sortir.

Il n'en va pas de même pour nous. Les axiomes que nous formulons ne sont le plus souvent que de simples impressions qu'il nous arrive de modifier fréquemment. Nous nous y attachons avec plus ou moins de fermeté, jusqu'au jour où nous nous apercevons qu'ils ne cadrent plus avec les faits. Il faut donc nous tenir aussi près qu'il est possible des expériences sociales poursuivies dans les différents pays et dans des conditions souvent très diver-ses, afin de réduire au minimum la part de parti pris et de doctrinarisme dans les prémisses que nous mettons à à la base de nos travaux.

Nous prendrons ici deux exemples.

Les syndicats professionnels passent assez générale-ment, dans les milieux qui n'en ont pas une longue pra-tique, pour une chose néfaste. Les journaux bien pen-sants ne leur épargnent aucun reproche. Les gouverne-ments qui, à la légère, affirment leurs détracteurs, les ont rendus possibles, légitimés et pour ainsi dire susci-tés, sont en butte à d'amères récriminations. Certains patrons leur déclarent la guerre et menacent d'expulser ceux de leurs ouvriers qui en feraient partie. Il suffit pourtant d'une très rapide étude de la question pour se convaincre que les syndicats sont chose absolument normale, et que l'on aurait tort de les voir de mauvais œil. Il est vrai que, partout, au début, cette institution a pris des allures belliqueuses et souvent provoqué des grèves et de l'agitation. Mais il se trouve, en fin de compte, que l'association régulière des travailleurs vaut beaucoup mieux que leur isolement, grâce auquel, dans les moments critiques, ils tombent au pouvoir de comités occultes et sans responsabilité, formés de beaux parleurs et de jacobins de la pire espèce, qui se servent d'eux pour leurs propres visées politiques. C'est ce que ne feront jamais avec la même légèreté des comités régulièrement constitués et composés d'hommes qui ont eux-mêmes, tout les premiers, un intérêt direct à ne pas entreprendre de campagnes pleines de souffrances et de sacrifices sans de bonnes raisons et avec de sérieuses chances de succès. Ainsi s'explique le revirement qui s'est opéré en Angleterre en faveur des *trades' unions* et dont le *Times* s'est fait l'organe. Ce journal, après avoir attaqué avec une extrême violence les associations d'ouvriers, comme si elles n'avaient pas aussi bien leur raison d'être que les syndicats de patrons, a fini par reconnaître qu'elles remplissent une mission normale et nécessaire et qu'en tout cas, si c'est un mal, c'est un mal avec lequel il faut s'arranger à vivre, parce qu'elles ne feront que grandir et multiplier. M. Paul Leroy-Beaulieu, dans son *Essai sur la répartition des richesses*, arrive à la même conclusion, que nous avons entendue aussi dans la bouche de patrons intelligents et libéraux.

Autre « illustration, » qui nous ramène aux assurances ouvrières. Ceci se passait dans un congrès relatif à cet objet et auquel nous assistions.

Un des orateurs se rua tête baissée sur les assurances allemandes obligatoires. Il leur oppose l'assurance libre. Il appartient à une association qui verse plus de mille francs aux familles dont le chef a péri par accident. Aussi, il faut voir la reconnaissance de ces malheureux, leurs larmes de gratitude lorsqu'on leur remet cette somme... Mais quant à un système d'assurance officielle, dans lequel on force tout le monde à entrer, l'honorable congressiste n'en voudrait à aucun prix. Il nourrit du reste contre toute entreprise de ce genre un grief dirimant : il est dangereux de confier à un gouvernement la gestion d'énormes capitaux...

Là-dessus M. Bœdiker, directeur de l'Office impérial des assurances à Berlin, qui siégeait dans l'assemblée, demande la parole. Il explique que le gouvernement allemand a organisé les assurances ouvrières mais sans les faire rentrer dans sa gestion financière, qu'elles vivent de leur propre vie sous la haute surveillance des pouvoirs publics, et que leurs destinées ne sauraient en aucune manière mettre en péril le crédit de la nation.

Nous connaissons un économiste très homme de bien, qui avait vu avec un vif regret les chambres de son pays se prononcer en faveur des assurances ouvrières obligatoires. Il était franchement mutualiste; il redoutait l'ingérence de l'État dans un domaine qui lui semblait appartenir tout entier à l'initiative individuelle. Mais il devait trouver son chemin de Damas. Un séjour en Allemagne lui démontra que, sans réunir toutes les perfections, le système qu'il n'avait vu que de loin offrait des avantages considérables. Des chefs d'industrie alsaciens lui avaient appris que les assurances officielles étaient la continuation d'un régime qu'ils avaient autrefois pratiqué de leur propre initiative, mais qu'elles répondaient mieux au but, à raison de leur universalité et de leur caractère officiel, et les déchargeaient de grosses préoccupations.

Raisonner est excellent, mais encore, pour bien raisonner, pour penser juste et aboutir à un bon résultat, faut-il posséder les éléments nécessaires pour asseoir une opinion. C'est pourquoi l'expérience est ici un grand maître. Parmi les sciences d'information dont le concours est précieux, nous rappellerons la statistique et particulièrement cette partie de la statistique appelée démographie, qui s'occupe des collectivités humaines et renouvelait, ainsi que nous l'avons rappelé, le problème de la population.

11. — *Les questions sociales ne doivent pas être abordées du point de vue étroit d'une doctrine religieuse ou philosophique, ni de celui d'un programme politique.*

Loin de nous la pensée que la religion, la philosophie ou la politique ne représentent que des facteurs secondaires dans l'existence des collectivités. Nous avons une opinion diamétralement différente. Il y a une infinité de questions de premier ordre, qui intéressent directement notre bonheur individuel et social, et qui sont liées à la domination de certaines idées spéculatives ou pratiques. Ce que nous voulons seulement affirmer, c'est que la science sociale ne doit rester prisonnière d'aucun système particulier. Que dirait-on d'un professeur d'université chargé d'enseigner une branche quelconque du savoir humain et annonçant que ceux-là seuls pourraient le suivre qui, au préalable, auraient adhéré à certaines opinions doctrinales ? La conclusion à laquelle nous serions inévitablement amenés, c'est qu'il ne se placerait pas sur le terrain de la science pure.

Un philosophe de l'antiquité avait inscrit ces mots sur le frontispice de son école : « Nul n'entrera ici s'il n'est géomètre. » Sur la porte qui conduit à l'économie sociale on devrait écrire : Nul ne pénétrera chez nous qui n'est prêt à tendre la main à tous les hommes de bien, abstraction faite de leurs opinions individuelles.

Pour accomplir sa tâche, l'économie sociale n'a pas à demander à ses adeptes : Qui êtes-vous? Que croyez-vous? Quels sont votre foi, votre Église ou votre groupe politique? Il est vrai que lorsqu'elle aura marqué le but à atteindre, les esprits seront tentés de rechercher les opinions diverses qui en assurent la poursuite avec le plus de succès. L'économie sociale pourra ainsi acheminer à certaines manières de voir en philosophie, en religion, en politique, mais du moins elle demeurera elle-même une carrière ouverte à tous les hommes de bonne et droite volonté.

Ceci dit, en pensant à certaines écoles, — les noms viendront à tout le monde, qu'il suffise de citer celle qui se rattache aux travaux de Le Play, — et qui ne sont pleinement accessibles qu'à ceux dont les opinions sur certaines matières étrangères à l'économie sociale proprement dites sont réputées correctes.

12. — *Les divergences de vue sur le dernier terme de l'évolution sociale ne sauraient constituer un obstacle à l'étude en commun des questions d'ordre social.*

C'est un spectacle fréquent, dans les assemblées politiques, que celui d'hommes siégeant à une grande distance les uns des autres et qui, néanmoins, coopèrent à l'élaboration des lois. Le travail est même souvent d'autant meilleur que ces différents esprits y ont apporté et réuni leurs aspirations particulières.

En matière d'économie sociale, le désaccord éclate surtout à propos de la mesure dans laquelle il est permis à l'État d'empiéter sur les droits individuels au profit des intérêts de la collectivité. Reste-t-il dans son rôle naturel en cherchant à opérer une péréquation des fortunes? Les modérés affirment que non, qu'il doit se contenter de demander aux particuliers, sous la forme de contributions, l'argent nécessaire pour le fonctionnement des services publics. Les sociologistes plus hardis estiment que, par diverses initiatives, il devra en outre s'efforcer de relever la condition matérielle des classes déshéritées. Les socialistes marxistes ou collectivistes vont même beaucoup plus loin et voudraient qu'il s'emparât de toutes les richesses existantes pour les fondre, en quelque sorte, en une grande masse indivise, qui serait administrée, sous sa direction suprême, dans l'intérêt de tous les membres de la société politique. C'est là ce que l'on dénomme la nationalisation ou, dans un langage plus moderne, la socialisation des instruments de travail.

Certes les divergences sont profondes, et cependant elles s'atténuent singulièrement dans la pratique. Une chose est certaine : c'est qu'à cette heure, les réformes sociales ne peuvent se mouvoir que dans un cercle restreint, et que toute tentative, soit de la part de groupes avancés, soit de la part des autorités constituées, de mutiler l'individu au profit de l'ensemble, échouera à brève échéance.

Il résulte de cette situation que quiconque veut agir autrement qu'en vaines paroles doit se renfermer dans les limites du possible. L'opportunisme s'impose parce que l'intransigeance ne saurait rien donner. Or, c'est !à ce qui peut permettre à des hommes rattachés à des systèmes de philosophie sociale très différents, voire même antagonistes, d'associer leurs efforts.

Toutefois, une collaboration utile exige deux conditions :

1° La reconnaissance du droit de chacun de concevoir comme il lui plait la société de l'avenir. Nous devons admettre, en effet, que les thèses les plus extrêmes ont été souvent soutenues par des hommes de tout point sincères et dévoués au bien général. On reconnaîtrait ainsi ce qui a été appelé pittoresquement la liberté des espérances.

2° L'engagement de tous d'accepter et de soutenir un progrès possible, une réforme utile, alors même que la mesure proposée paraîtrait très loin de réaliser la perfection. Il ne serait plus permis de dire : Tout ou rien.

Nous convenons que ces deux conditions seraient difficiles à faire observer dans une assemblée politique où l'on ne craint pas les débats à sensation, quand bien même il n'en peut rien sortir; mais nous avons en vue des hommes indépendants, réfléchis, et qui cherchent seulement à régler leur activité sur des principes justes. Nous faisons ici de la science et non de la politique vulgaire.

13. — *Les spéculations sur l'aboutissement final du progrès social n'ont d'autre valeur que celles d'impressions personnelles, et il peut y avoir de graves inconvénients à y insister.*

« Seigneur, où va la terre dans les cieux? » s'écriait Victor Hugo. Nous pouvons nous demander avec un même sentiment de notre courte vue où tendent les choses humaines dans leur marche. La plupart des progrès sociaux auraient été des surprises pour nos devanciers dont ils contredisent plus ou moins les calculs. Les hommes de la Révolution française, qui avaient tant souffert de l'organisation corporative, croyaient bien faire en supprimant le droit d'association professionnelle, qui est une des grandes forces et des grands bienfaits de notre époque. Une invention comme celle de la machine à vapeur transforme toutes les habitudes de la vie économique : que savons-nous des nouveaux facteurs qui pourront venir encore dérouter toutes nos prévisions?

Les spéculations sur le terme ultime de l'évolution sociale ne sauraient être interdites : elles sont une des manifestations très légitimes et, à quelques égards, très hautes du travail de la pensée ; mais il y a lieu d'exhorter ceux qui s'y livrent à plus de réserve. Ce que nous avons raconté (pages 45 et suivantes) sur l'avènement d'un certain néo-collectivisme, montre combien il faut parfois peu de temps pour modifier les idées.

En fait de progrès social, arrêtons-nous un instant au seul avenir économique. Ici deux sortes de prophètes : d'abord les pessimistes désespérés, qui pensent qu'il y a eu toujours des forts et des faibles et que la lutte pour l'existence tournera inévitablement contre ces derniers. Quelques-uns s'arrêtent là ; d'autres attendent des temps nouveaux d'une révolution sociale. Autant de voix sinistres et malfaisantes.

Mais à côté de ces sombres voyants, il y a les théoriciens idéalistes, plus ou moins sévères sur le compte de la société actuelle, et qui se flattent d'arriver à l'Eldorado de la prospérité universelle sans avoir à traverser des mares de sang. Ils ont aussi un Évangile, mais n'en sont-ils pas peut-être un peu trop sûrs ? Voici, par exemple, l'*Émancipation* de Nîmes, une petite revue d'ailleurs très vaillante et très méritante, qui nous annonce parfois une « république coopérative » dans laquelle tout travailleur deviendra son propre patron. Or, nous trouvons cette représentation de l'avenir un peu risquée.

Certes, si le brillant aboutissement que l'on proclame dans les groupes auxquels nous faisons allusion, était à la veille de se réaliser, nous comprendrions fort bien qu'on le célébrât sans plus tarder. Comment résister à la joie de se savoir si près du port ? Mais selon les prévisions les plus favorables, le millénium promis se perd encore dans les brumes du lointain. Nous nous expliquerions aussi cet empressement à proclamer l'entrée dans la terre promise si, d'en parler, devait précipiter la marche des événements, créer une impulsion salutaire. Mais rien de semblable ne peut être allégué. Et, en outre, les splendeurs de l'ère nouvelle évoquées à tout propos, au milieu des ombres et des tristesses dans lesquelles nous nous mouvons péniblement, pourraient bien plutôt ajouter aux souffrances des classes déshéritées. Comment demeureraient-elles calmes, quand on leur dit : Voici ce qui sera, et, par conséquent, ce qui pourrait être? Comment ne feraient-elles pas un retour sur leurs maux pour maudire la société qui les leur inflige? Comment ne sentiraient-elles pas tout au moins une certaine amertume leur monter au cœur? Les masses populaires ont, avant tout, besoin de conserver leur équilibre mental, afin de tirer des circonstances présentes le meilleur parti possible, et c'est un devoir d'éviter ce qui serait de nature à les exaspérer sans profit.

14. — *Il faut se défier de toute mesure qui irait à l'encontre des grands principes du droit moderne et du progrès général.*

Que penserions-nous d'un ingénieur en train d'élaborer un projet superbe, et qui nous informerait gravement que tout son plan repose sur une hypothèse comme celle-ci : « Étant donné que l'eau peut remonter à sa source. » Inutile, dirions-nous à ce technicien, de nous arrêter plus longtemps à examiner vos projets : nous attendrons pour en reparler que le miracle que vous croyez possible ait été constaté.

Nombre de beaux rêves de réforme sociale ont ainsi péché par la base et leur avortement était certain : témoin, par exemple, les syndicats obligatoires.

Cette institution n'avait de sens et de portée pratique qu'autant qu'elle parvenait à restaurer, au moins en partie, les monopoles professionnels de jadis. Mais ce faisant, elle sacrifiait la liberté individuelle des patrons et des ouvriers, et surtout la liberté économique et morale de la femme, que l'on s'empressait d'éliminer de certaines industries. Ce fallacieux progrès jurait donc avec tout le mouvement moderne, et c'est pourquoi il a dû battre en retraite. — Toujours dans le même ordre de questions : il nous souvient d'avoir vu un gouvernement interdire, à certaines catégories d'employés, pour des raisons plus ou moins fortes, le droit de se syndiquer. C'était une position intenable.

Autre exemple. L'apparition du machinisme moderne a jeté dans la plupart des industries une perturbation accompagnée de grandes souffrances. Nombre de gens auxquels les nouveaux procédés enlevaient le travail, manquaient de pain. De là les tentatives qui furent faites fréquemment autrefois de briser les machines. Aujourd'hui certains réformateurs sociaux proposent de les taxer jusqu'à la limite à partir de laquelle il n'y aurait plus de profit à s'en servir. Et c'est ainsi que l'on espère relever le prix de la main-d'œuvre et diminuer les chômages. Autant décréter la suppression de l'ouvrier de fer. Ce qui se cache au fond de cette résistance, c'est l'idée inavouée que le progrès, du moment qu'il cause des crises économiques, est un mal et qu'il faut l'enrayer. Est-il nécessaire d'ajouter que tout ce que l'on pourrait faire contre le perfectionnement des procédés mécaniques serait du temps perdu?

Signalons encore un autre entrainement du même genre, mais d'ordre plutôt politique que proprement social ; seulement nous savons que tout se tient en sociologie.

C'est une antienne très habituelle chez beaucoup de gens, d'attribuer les difficultés de l'heure présente à un excès de démocratie. Nous sommes menés, entend-on répéter à tout propos, par les masses ignorantes ; le suffrage universel est une grande superstition.

Que la souveraineté du peuple souffre fréquemment dans sa dignité de revêtir la forme de l'égalité de tous devant le scrutin, c'est ce dont conviendront sans peine nombre de gens qui n'en sont pas moins fermement attachés aux libertés publiques. Mais voici où l'illusion commence : c'est lorsqu'on parle de revenir sur le suffrage universel, de le restreindre, de remonter vers l'époque du cens électoral. Les quelques esprits qui s'attachent à de semblables chimères poursuivent une ombre.

Il nous souvient d'un éminent publiciste suisse jetant, dans un article paru pendant l'automne de 1894, un cri d'alarme au sujet du péril que l'extension de la démocratie directe, sous la forme du droit d'initiative, faisait courir à son pays : et nous conviendrons bien que l'avenir n'était pas sans nuages. Il concluait à la néces-

sité, si ses sombres inquiétudes étaient justifiées par l'é-
vénement, de réunir une constituante qui éliminerait du
droit public helvétique ces malencontreuses franchises.
Le peuple s'étant montré d'une sagesse qu'on ne lui
eût pas supposée, la nécessité de lui retirer ses prérogatives nouvelles ne se fit plus sentir. Très heureusement; car nous ne réussissons pas à nous représenter
comment il aurait pu entrer lui-même dans les vues que
l'on vient d'entendre et se laisser bénévolement amoin-
drir. C'est encore là, à notre très humble avis, un
exemple de ces expériences qui sont contre le cours des
choses. Pas plus qu'on ne fait remonter une rivière vers
sa source, on ne supprime un pas en avant par un recul.
On ne s'attaque jamais de front à une conquête démocratique qui n'est pas le résultat d'une surprise.

Ce qu'en revanche, nous concevons fort bien, c'est
que l'on corrige une mesure par une autre mesure.
Nous nous expliquons le vote plural pour modérer, au
moins temporairement, les écarts d'une jeune démocratie, mais, mieux encore, la représentation proportionnelle rectifiera les abus du suffrage universel. S'il le
faut, on trouvera sans doute de même un moyen de
tempérer en Suisse l'exercice des droits populaires,
mais, pour sûr, il ne consistera pas à défaire ce qui a
été fait.

Notre exposé s'allonge, mais ce n'est pas absolument
notre faute. La question est particulièrement vaste, en
même temps que fort délicate. Nous voudrions formuler
encore quelques idées avec lesquelles il importe de se
familiariser.

15. — *Ne pas faire des textes de lois ou des contrats civils un fétiche.*

Un texte de loi ou un contrat n'est éternel qu'autant qu'il consacre des rapports normaux entre les individus, et répond à une idée de justice. S'il échappe à ces conditions morales, ce n'est qu'un abus qu'il faut corriger en s'élevant à un principe supérieur. Nous nous expliquerons en prenant quelques faits concrets.

La plupart de nos codes placent la femme dans un état d'infériorité qui jure avec nos idées modernes. Dans un récent congrès féministe, — des plus sages — tenu à Paris, un des orateurs a demandé, nous apprend un journal « que toute femme eût le droit de servir de témoin — droit qui n'est refusé à aucun homme, fût-il à moitié imbécile — et celui d'être tutrice d'enfants qui ne seraient pas les siens. » On sait aussi que la femme est le plus souvent privée de l'administration de ses biens, et n'a même pas partout l'absolue disposition du produit de son travail.

Tout cela est profondément choquant, mais essayez de demander l'introduction dans les lois d'une disposition d'ordre public établissant pour la femme quelque chose comme le droit commun, et vous allez entendre de braves gens jeter des cris de terreur en levant les bras au ciel. Toucher aux lois, quel sacrilège !

Et les contrats, sera-t-il aussi défendu d'y toucher ? Autrefois, si grand était l'ascendant de l'esprit juridique, qu'il se trouva des esprits de premier ordre, tels que Grotius, pour en défendre l'autorité dans les cas les plus extrêmes, admettant, par exemple, qu'un citoyen pouvait aliéner ses droits de souveraineté entre les mains d'un despote, ou qu'un homme pouvait se vendre comme esclave. Nous voyons plus clair aujourd'hui, et cependant la disposition à élever un instrument dûment dressé au-dessus des lois morales, se rencontre encore. A entendre certains adorateurs du papier timbré, le contrat de louage du travail, par exemple, est libre, et l'État excède ses attributions quand il l'entoure de certaines garanties. Eh bien, non, il n'en est pas ainsi, et nul contrat n'est admissible en droit naturel, qui est contre la justice et l'humanité.

De mauvaises lois et de mauvais contrats sont toute autre chose qu'un objet immuable. Ce sont des anomalies qu'il faut faire disparaître le plus tôt qu'il sera possible. On respectera l'engagement pris, la signature donnée, car sans cela il n'y a pas de société qui tienne, mais les bons citoyens n'auront aucun repos qu'ils n'aient supprimé une cause d'abus regrettables.

16. — *Se méfier des analogies ou des mirages de la logique.*

Les Italiens ont le proverbe que comparaison n'est pas raison. Cependant, beaucoup de sociologistes pensent tout autrement. Ils estiment que la logique consiste à pousser un principe jusqu'à ses dernières conséquences, et, de la sorte, ils arrivent à des absurdités. C'est ce que montrait, avec beaucoup de bonheur, l'économiste américain Francis A. Walker, dans un article sur le socialisme, remontant à quelques années, et voici le cas assez typique qu'il supposait.

L'État moderne a supprimé partout, hors de rares exceptions, les droits de péage et de pontonnage. Pour arriver à ce résultat, il a dû racheter les routes et les ponts privés. Or, qu'est-ce, à vrai dire, qu'un vaisseau, sinon une route ou un pont d'un genre particulier dont on se sert pour franchir une étendue d'eau? Dès lors, il pourrait paraître naturel que l'État rendît la navigation gratuite.

La supposition est bien choisie. Elle montre à quoi l'on s'expose en raisonnant par pure analogie, et s'il est vrai que peu de gens aillent aussi loin que cet exemple, cependant ils sont légion ceux qui se laissent entraîner sur cette même pente.

17. — *Il est impossible de travailler au bien général sans léser parfois des intérêts particuliers ou créer des embarras nouveaux.*

Vous décrétez la construction d'un chemin de fer. Or, voici un particulier qui se refuse à vous laisser passer à travers sa propriété : vous l'expropriez tout uniment. Ou bien ce sont des voituriers qui se plaignent qu'on va leur couper les bras : vous leur répondez que si digne de sympathie que soit leur cas vous ne sauriez cependant, dans le seul désir de leur être agréable, vous opposer à l'intérêt général.

Ou encore vous décrétez que l'État tiendra école, et vous avez d'excellentes raisons pour lui demander de faire sienne la cause de l'instruction du peuple; et cependant vous allez obliger d'honorables chefs d'institutions privées à fermer leur maison.

Autre fait. La loi s'avise d'assurer un jour de repos périodique aux petits apprentis, et c'est dans une ville comme Paris, 3,000 jeunes pâtissiers ou cuisiniers dotés de congés obligatoires, pendant lesquels ils échapperont à la surveillance du patron. Quel emploi feront-ils de ces loisirs? Ne les convertiront-ils pas en vagabondage? Si l'on devait attendre, pour prendre une initiative un peu large dans une question qui se pose avec force, que personne ne fût dérangé et qu'aucune objection ne pût être élevée, on ne ferait jamais rien. Voilà ce qu'il faut se dire, après quoi, les inconvénients ayant été bien constatés, on se demandera ce qu'il est possible de mettre en œuvre pour les atténuer.

L'homme qui ne veut pas se laisser exproprier nous touche peu; on lui paie son terrain à sa valeur, il n'aura pas sujet de se plaindre. Les voituriers et les instituteurs libres éveillent davantage notre sollicitude : les pouvoirs publics feront bien de les utiliser dans la mesure du possible, les premiers dans le service des chemins de fer que l'on se propose de construire, les seconds, dans le personnel des écoles publiques qui vont être organisées.

Quant aux petits pâtissiers et cuisiniers, au lieu de dire : gardez-vous bien de leur accorder un jour de congé légal, c'est « le vagabondage obligatoire [1] » nous dirons : ce repos leur est dû! Maintenant que les particuliers ou, à leur défaut, les pouvoirs publics, recher-

____

[1] M. Yves Guyot, dans la *Tyrannie socialiste.*

chent les moyens de leur assurer un bon emploi de ces loisirs nécessaires, indispensables au développement normal de leur corps et de leur esprit.

Prenons encore un exemple. Les femmes demandent à peu près partout d'obtenir l'administration de leurs biens, et de sortir de la tutelle que le mariage établit sur elles à ce point de vue. Elles ne sont pas seules d'ailleurs dans ces sentiments et un grand nombre d'hommes appuient leurs revendications. La cause gagne du terrain; elle a même, en plusieurs communautés, triomphé des derniers obstacles. Elle est bonne, apparemment, ce qui n'empêche pas qu'il puisse se rencontrer tel cas particulier où la cohésion de la vie de famille et sa prospérité matérielle aient plus à gagner qu'à perdre à l'assujettissement de la femme. Mais il n'y a pas là une raison suffisante pour justifier une résistance.

Nous devons cependant reconnaître que, dans certains cas, les inconvénients qui accompagnent un progrès en perspective sont assez sérieux, sinon pour militer dans le sens du *statu quo*, du moins pour causer aux hommes d'initiative désintéressée une véritable souffrance. Nous nous rappelons, en particulier, les réflexions qui se sont fait entendre dans les diverses localités où l'on a créé des cuisines économiques. Il n'est personne parmi les promoteurs de ces entreprises qui n'ait songé à ces familles dans une situation modeste qui arrivaient, que bien que mal, à joindre les deux bouts, en recevant chez elles des pensionnaires, et que l'on allait jeter dans des embarras probablement assez graves. Il a fallu toutefois s'y résigner, dans la pensée que ce mal serait compensé, et au-delà, par le bien que l'on espérait faire.

18. — *Rester en contact avec la démocratie et avec le peuple.*

C'est la démocratie qui nous régit, mais il est de bon ton, dans certains cercles *sélects*, de la dénigrer. Et les hommes qui le prennent de si haut avec elle s'étonneront ensuite de n'en être pas écoutés quand ils lui prodigueront leurs conseils. Pour avoir le droit de s'adresser à elle, il faudrait la connaître et la comprendre.

Certes, nous croyons moins que personne à l'infaillibilité des masses populaires, mais nous les tenons, dans l'ensemble, pour très supérieures à la réputation que leurs détracteurs voudraient leur faire. Il s'élabore dans leur sein une expression nouvelle de la justice qui corrige bien des subtilités, bien des étroitesses dans les idées reçues qui ont envahi les temples de la science ou pénétré les lois et les institutions. Les abus les émeuvent plus qu'ils ne touchent nombre de philosophes ou de politiques. Il leur arrivera plus d'une fois de se méprendre étrangement sur les causes véritables des maux dont elles souffrent et sur les remèdes à y appliquer, mais elles ont un sentiment très net que l'injustice est odieuse, et que ceux qui font tort à autrui doivent en porter la peine.

Peut-être nous trouvera-t-on un peu bien optimiste, et pourtant nous croyons être dans le vrai en affirmant qu'il faut connaître la démocratie si l'on veut être un homme de son temps et un homme utile. Si la voix du peuple est loin d'être toujours la voix de Dieu, cependant dans les grands souffles qui traversent les multitudes, un esprit attentif et sympathique n'a pas de peine à discerner comme une révélation des instincts profonds de l'âme humaine et une affirmation des grands axiomes de justice et de solidarité qui sont à la base de la morale sociale.

Mais nous voudrions aller plus loin encore. Ce n'est pas seulement la démocratie qu'il faut étudier chez elle, en prêtant l'oreille aux manifestations de ces grandes foules que l'on a parfois comparées à un océan dans la tourmente; il faut étudier le peuple lui-même, ses conditions spéciales d'existence, ses difficultés matérielles et morales, ses tentations, ses besoins. Il ne suffit pas, en effet, de servir la démocratie; c'est le peuple lui-même qui doit être aimé, éclairé, soutenu, dirigé.

Les choses de la vie ne se devinent jamais tout entières; elles s'apprennent. Pour travailler au bien des autres, il faut s'approcher d'eux, il faut les entendre et les comprendre. C'est ce contact qui a fait la force de tous les grands apôtres. Nous en savons même auxquels il a communiqué une partie de leur génie, quelque chose comme de la divination. « J'ai gardé de mes années de pauvreté, écrivait Michelet, un sentiment profond du peuple, la pleine connaissance des choses qui sont en lui, la vertu du sacrifice, le tendre ressouvenir des âmes d'or que j'ai connues dans les plus humbles conditions. »

Par une progression naturelle, nous arrivons maintenant au dernier principe que nous désirons formuler et dont l'importance est telle que les études sociales dignes de ce nom restent fermées à qui ne s'en est pas pénétré.

19. — *Du moment qu'il existe des questions sociales, il y a aussi un devoir social.*

Certaines personnes n'aiment pas le mot de question sociale, soit; mais qu'il y ait des questions sociales posées et attendant leur solution, c'est là un fait que nul n'oserait contester. Où n'y a-t-il pas des injustices amères à corriger, des souffrances individuelles ou collectives à guérir, un monde moral à lancer dans des voies nouvelles, ou tout au moins meilleures?

Dans cette situation, il y a place pour tous dans l'armée des travailleurs sociaux. Malheureusement combien d'appelés qui sont impropres à un travail quelconque, parce qu'ils ne se sentent liés par aucune obligation envers autrui!

Combien d'abord d'ouvriers ténébreux, de malfaiteurs de toute sorte dont les pas se reconnaissent aux victimes qu'ils ont faites et dont les scandales et les vices répandent autour d'eux comme un prurit d'infamie et de corruption.

Mais nous laisserons ces êtres dénaturés qui, sans doute, riraient bien de nous entendre proposer à leur méditation la grandeur du devoir social, et parlerons des hommes qui se respectent davantage.

Je ne dois rien à personne, s'écrient les uns, et, en cet état d'esprit, les moindres dérangements, les moindres sacrifices qu'il leur arrive d'accomplir dans l'intérêt du prochain, leur semblent autant d'actes méritoires auxquels ils n'étaient point tenus. C'est parmi les égoïstes de cet acabit qu'il faut ranger les rapaces que l'on voit mourir, car ils meurent aussi, gorgés de biens et qui, pour toute trace de leur passage, pour tout souvenir à leur pays où ils ont pu accroître leur fortune et vivre heureux et protégés, lèguent à peine quelques rares billets de banque à des institutions de bienfaisance. Il est vrai qu'ils avaient peut-être des enfants, et ils craignaient sans doute, en quittant ce monde, de leur laisser un éloquent exemple de leur intérêt pour la chose publique, sans compter qu'ils auraient diminué de quelques livres leurs revenus annuels. Et tels ils sont morts, tels ils avaient vécu, n'ayant jamais songé seulement qu'il pût exister autres gens au monde qu'eux et leur famille, leur famille et eux.

A côté de ceux qui partent du principe qu'ils ne doivent rien à personne, il y a ceux qui donnent. Ils ménagent dans leur budget de dépenses une rubrique pour leurs contributions spontanées aux œuvres d'intérêt général, ou bien ils cèdent à la poussée des considérations mondaines qui les obligent à répondre en quelque mesure aux appels adressés à leur bourse. Voilà la grande masse.

Il est sans doute des hommes qui sentent qu'il y a mieux à faire, qui voudraient se rendre utiles, qui vouent leurs sympathies les plus actives à la philanthropie pratique : bienfaisance, coopération, éducation, ainsi qu'à toutes les questions d'ordre social, qui y donnent du temps et leurs meilleures pensées. Toutefois, ces hommes ne forment qu'une infime minorité, et combien souvent, quand ils tâchent de faire rayonner autour d'eux leurs préoccupations désintéressées, se heurtent-ils à une invincible inertie! Thiers qualifiait l'économie politique de littérature ennuyeuse; que de gens qui ne pensent pas autrement de toutes ces questions sociales dont ils sont enveloppés et agacés?

Il est deux formes du devoir social dont nous nous permettrons de relever tout spécialement l'importance.

La première consiste à choisir, dans le vaste champ de l'activité sociale, une sorte de petit carré, de domaine restreint, pour y concentrer ses efforts. Les uns se voueront aux œuvres de philanthropie pratique, les autres se tourneront vers les travaux de recherche et de pensée, afin de faire de la lumière, de coopérer à la direction des esprits, et de seconder les évolutions utiles dans la sphère de la législation, de l'éducation, de l'administration, ou encore des institutions privées ou officielles. Signalons, entre autres, le service immense que des hommes d'éducation et d'expérience peuvent rendre en présidant au développement des entreprises d'intérêt public, telles que les syndicats agricoles, les magasins coopératifs, les salles de lecture et de tempérance, les offices divers poursuivant des buts de bienfaisance, de placement de la main-d'œuvre ou de mutualité. C'est là ce qui a surtout recommandé à l'estime générale l'élite de la société d'Outre-Manche.

L'autre forme toute voisine du devoir social qu'il y a lieu de rappeler, et avec insistance, vu la peine que des personnes d'ailleurs bien disposées éprouvent à la comprendre, est la suivante : verser quelque argent dans les entreprises diverses qui poursuivent, en restant dans la donnée d'une opération strictement commer-ciale, un objet d'intérêt public.

Quelques développements aideront à fixer les idées.

La construction de demeures simples mais salubres, agréables à habiter et à prix modeste, a fait des pas décisifs dans les contrées anglo-saxonnes, où nous voyons faciliter aux plus humbles l'achat de leur *home* et élever aussi des maisons locatives bien comprises, tout cela dans des conditions rémunératrices pour le capital, plus rémunératrices même et non moins sûres que ne seraient des placements en fonds d'État, (voir entre autres exposés du sujet notre appel à l'opinion publique sur l'*Amélioration du logement* : Genève, Eggimann, éditeur). Sur notre continent d'Europe, nous sommes en retard, et ce retard ne saurait être excusé par des circonstances atténuantes, car il n'y a pas là un sacrifice d'argent à faire mais une affaire à examiner.

Une autre initiative toute aussi digne d'intérêt et à laquelle, toujours à titre d'échantillon, on nous permettra de rendre nos lecteurs attentifs, c'est celle de l'établissement de salles appelées à réagir contre l'influence néfaste des cabarets. Ce n'est point assez de créer des ligues d'abstinence ou de modération à l'égard des spiritueux, il faut encore opposer à ces derniers des boissons saines, et les vendre dans des établissements offrant toutes les attractions des établissements publics actuels, avec les dangers de la boisson en moins. Quand on nous dit que les cafés et brasseries de tout ordre sont le salon du pauvre, nous trouvons l'image déplaisante,

presque cynique, et cependant elle renferme une part
de vérité. Le fait est que les gens ne vont pas seulement
dans ces établissements pour boire, mais aussi parce
qu'ils y trouvent de la société, de la distraction, des
jouissances, le contact avec la vie courante, des journaux, une table pour écrire, un abri. Ce sont ces divers
éléments qu'il faut continuer à fournir, sous peine de
laisser aux plus ignobles bouges leur puissance. Le
Christian Work de New-York, en préconisant un effort
dans ce sens montrait, de ce côté-ci de l'Océan, des
exemples encourageants : « De telles institutions, écrivait-il, existent dans toutes les cités et grandes villes
d'Angleterre et d'Écosse, et ont obtenu un succès éclatant, à tous les points de vue, financièrement et autrement. On les connaît en Angleterre sous le nom de
chambres à cacao (*cocoa rooms*) tavernes à café (*coffee
taverns*), salles anti-alcooliques (*tee-to-tums*), mais l'idée
maîtresse est la même partout. A Birmingham, une société s'est formée sous le nom de « compagnie des maisons à café » (*coffee houses*), qui exploite un certain
nombre de ces établissements. Des organisations semblables existent à Glascow, à Liverpool, à Londres et en
d'autres cités. Quelques-unes d'entre elles paient jusqu'à
15 0/0 de dividende, et la valeur de leur concours au
point de vue de la tempérance ne fait pas question. » —
A rapprocher de ces salles, les refuges contre le froid à
entrée gratuite qu'il y a de la cruauté à refuser aux
malheureux qui grelottent en hiver, chassés peut-être
par la bise de leurs misérables taudis. — Voilà quelques
exemples bons à méditer.

Nombre de gens accorderont assez volontiers une aumône, même généreuse, auxquels il est quasi impossible de faire comprendre que souvent, sans donner un sou, et tout simplement par un placement, modeste peut-être, mais de tout repos, ils feraient autant, si ce n'est même beaucoup plus de bien. Les Anglo-Saxons, gens pratiques par excellence, ont trouvé, pour qualifier le genre d'opération que nous signalons, le terme, pittoresque dans sa hardiesse, de placements de philanthropie commerciale.

Bien souvent, quand on n'est attentif qu'au taux de l'intérêt, on apporte le concours de son capital à des activités qui ne profitent au public que d'une manière insignifiante, si même il est permis de parler de profit. On suscite à des entreprises existantes une concurrence dont le besoin était pour le moins douteux, comme celle qui consiste à opposer à une ligne de chemin de fer, faisant à peine ses frais, une autre ligne qui opérera une division du trafic et ne laissera à aucun des deux tronçons le courant nécessaire pour vivre. Ou bien on fournira à quelque industriel le moyen de créer des objets funestes à la santé ou à la moralité publiques. L'argent étant une force, quiconque en possède peu ou prou est tenu de veiller à l'emploi qu'il en fait et d'examiner la place qu'il lui est permis d'accorder aux œuvres d'intérêt général. M. George Picot, de l'Institut, a écrit les lignes suivantes :

« Chacun doit faire deux parts dans sa vie, et tandis que l'une demeure consacrée aux travaux d'une profession spéciale ou bien aux goûts vers lesquels entraîne une vocation, l'autre doit être vouée à ces efforts collectifs sans lesquels une nation serait une réunion d'êtres égoïstes sans liens mutuels. »

Le jour où tout le monde aura compris ce précepte élémentaire, il est une somme énorme d'activité sociale à laquelle on songera avec tout le regret de ne .s'en être pas occupé plus tôt comme il convenait.

Et, ce jour-là également, les yeux seront offusqués, et les consciences protesteront ainsi qu'elles ne l'ont jamais fait encore, à la vue de certains plaisirs insolents que devraient se défendre des hommes qui savent qu'il y a des pauvres dans le monde, à la vue de l'avarice qui ferme les mains et les cœurs, à la vue de tous les égoïsmes et de toutes les lâchetés, qui constituent des abdications ou des trahisons.

Nous venons de marquer le chemin à suivre, mais il n'est rien moins qu'uni. Des difficultés de toute sorte le hérissent. Ce sont ces obstacles en économie sociale qui doivent maintenant nous occuper.

QUATRIÈME PARTIE.

LES OBSTACLES EN ÉCONOMIE SOCIALE.

Il y a une œuvre sociale à poursuivre, puisqu'il y a des souffrances matérielles et morales à soulager ou à guérir. Il faut éviter, en une œuvre de cette nature, les partis pris qui altèrent le jugement et mettent un bandeau sur les yeux; il faut résister surtout à la fascination des mots tels que : individualisme et socialisme, ou encore socialisme d'État, qui n'ont les uns et les autres qu'une valeur relative et dont aucun, considéré à part, ne saurait fournir un principe d'action. L'essentiel n'est pas de savoir de quelle manière, sous quelle forme, le bien se fera, mais qu'il se fasse.

Cependant les réformes sociales utiles ne pouvant s'effectuer toutes seules et réclamant des hommes disposés à les prendre fortement à cœur, nous avons été conduit à insister, à la fin du chapitre qui précède, sur l'importance du devoir social. S'occuper des grands problèmes de l'heure actuelle à cette seule fin de les connaître et sans le désir de coopérer à leur solution, c'est amuser son esprit et perdre son temps.

Il convenait, certes, d'appuyer sur ces deux mots : devoir social. Il existe, en effet, de par le monde, des multitudes d'hommes qui, en dehors de leur activité professionnelle et de leur rôle dans la famille ou dans leur milieu, ne se regardent comme liés à aucune tâche précise d'une portée plus ample, et se tresseraient presque une couronne civique lorsqu'il leur arrive de faire un modeste sacrifice d'effort ou d'argent au bien public. Mais il convenait, pour une autre raison encore, de faire retentir aux oreilles et aux consciences les mots de devoir social.

Cette raison, la voici. Celui qui aura sans cesse présent à la pensée le devoir dont nous parlons réussira presque toujours à se rendre utile. Non seulement il évitera ce qui est contre le bien et contre l'humanité, mais encore il fera une œuvre positive, et les mille obstacles qui retiennent les volontés faibles et chancelantes n'auront pas facilement raison de la sienne. Il ira d'un instinct sûr où il y a un service à rendre, un progrès à conquérir. A vrai dire, l'idée d'un devoir social est tellement la chose importante, que nous serions presque en droit, après l'avoir mise en relief, de nous arrêter, en laissant chacun en face de la tâche qui lui incombe. On connaît ce mot attribué à saint Augustin : « Aime Dieu, et fais tout ce que tu voudras ! » Nous nous écrierions volontiers à notre tour : Crois au devoir social, pénètre-t-en ; c'est tout ce que j'avais à te dire ! »

Et cependant, si nous nous en tenions à ce précepte général, nous laisserions dans l'ombre des éléments importants de la question. A nous entendre, en effet, on pourrait s'imaginer qu'il n'existe d'obstacles, en économie sociale, que ceux qui ont leur siège dans la volonté.

Or, il en est d'autres, de force à arrêter, dès les premiers pas, des hommes ayant cependant le désir de remplir leur devoir social. Nous ne parlons point des difficultés inhérentes aux matières traitées : quoique très réelles, elles ne seront jamais de nature à décourager une résolution ferme et virile. Ce qui est surtout à craindre, ce sont les obstacles intellectuels et moraux que nous voyons se dresser en nous et autour de nous, et qu'il ne faut jamais se lasser de signaler, car ils constituent un péril formidable. Le danger s'appelle : milieu ambiant, préjugés de toute sorte, écarts de doctrine, travers professionnels, défauts de caractère, et le reste. Il y a là une menace sérieuse pour la justesse des idées et même pour la vie morale, dans ce qu'elle présente de plus intime et de plus profond.

A ce compte, pour devenir un ouvrier social, le premier effort doit tendre à faire en quelque sorte la police autour de soi, à s'arracher à l'empire des passions, des entraînements, des mille influences mauvaises auxquelles nous sommes exposés et que nous finissons par subir, si nous n'y prenons garde, sans nous en rendre compte. Toute œuvre sociale suppose au début, chez l'homme de foi qui se met au service de la vérité et du bien, un grand affranchissement individuel.

Nous allons considérer les principaux obstacles qui nous attendent le long de la route. Les nécessités de notre exposition nous obligent à recourir au procédé de l'analyse et à les envisager les uns après les autres, comme si chacun d'eux formait une unité distincte. Ainsi en va-t-il du naturaliste qui promène son microscope sur les différents organes d'un animal ou d'une plante.

Nous voudrions pourtant qu'il fût bien entendu que ces obstacles ne sont pas des réalités à part et indépendantes les unes des autres. On nous dit qu'il est rare qu'un homme très malade ne souffre que d'une seule affection, et que d'ordinaire les désordres morbides s'engendrent mutuellement. Il en va de même dans le sujet qui nous occupe, et quand un homme est très malade au point de vue social, on peut tenir pour à peu près certain qu'il ne souffre pas d'un mal unique. Autour de l'aberration principale se groupent les aberrations secon̤.⸱res.

Ainsi donc, pendant que nous serons occupé, par les besoins de l'analyse, à décrire successivement les influences délétères les plus ordinaires en économie sociale, nos lecteurs voudront bien devenir nos collaborateurs, car ce n'est qu'à ce prix que nous resterons dans la vérité. Ils voudront bien compléter notre exposé en se souvenant que les diverses influences perturbatrices sont sujettes à s'associer et à former quelque chose d'analogue aux conglomérats que fait connaître l'étude de l'écorce terrestre.

LA POLITIQUE.

Le premier obstacle qui se dresse devant nous, c'est la politique : non pas, il va de soi, la science politique qui ne saurait nuire, non plus que n'importe quelle autre science positive, mais la disposition bien connue que la politique développe chez ceux qui s'y livrent professionnellement. Nous parlons de cette tendance à considérer toutes les questions d'intérêt social en regard des avantages du groupe dont on fait partie, sous l'angle étroit que met dans la vision ce que l'on appelle l'esprit de parti.

Nous connaissons tous cette déplorable perversion morale, et beaucoup de ceux qui la déplorent chez autrui n'y échappent pas toujours entièrement eux-mêmes. N'importe la conviction personnelle, l'enrôlé de la politique subordonnera son sentiment au mot d'ordre sorti d'un conciliabule. Que l'état-major de l'armée dans laquelle il marche dise *oui* ou *non*, ou même, ce qui est fréquent, *oui* et *non* à la fois, le malheureux esclave n'a plus qu'à lui faire écho. Quand bien même ses adversaires auraient manifestement raison, il leur donnera tort, afin de ne pas leur laisser remporter une victoire.

Les opinions se forment ainsi hâtivement, superficiellement, provisoirement pourrait-on dire, et il faut souvent à un homme placé dans ces conditions un véritable courage pour faire, de fois à autre, acte de réflexion indépendante. Les infractions à la discipline peuvent en effet se payer très cher. On a vu des hommes se disqualifier aux yeux des leurs, par leur indépendance.

La lecture des feuilles publiques nous familiarise avec un autre phénomène. C'est l'empressement, chez certains personnages, à se faire des questions sociales un tremplin politique. On les verra, par exemple, provoquer des grèves, afin de mieux démontrer aux classes laborieuses la vive sympathie qu'ils éprouvent à leur endroit. Si ce n'étaient jamais que des grèves raisonnables, ayant à leur actif des griefs sérieux et susceptibles d'aboutir, ce serait autre chose ; mais il suffit à ces hommes de faire parler d'eux, et les questions sociales ne les intéressent qu'au point de vue de leur carrière et de leur avenir.

Sans aller aussi loin, que de politiciens qui, pour se faire de la popularité à bon marché, emploient leur influence et leurs talents parfois très réels, à nourrir l'esprit des masses de pures chimères, détournant ainsi des moyens sûrs et pratiques d'améliorer leur sort, d'honorables travailleurs, qui souvent passent par des crises aiguës et prolongées.

Tout politicien, qu'il appartienne à la droite ou à la gauche, est perdu pour la science sociale. En outre, il ne manque pas de politiciens hors cadre auxquels nous devons aussi une mention. Ce sont tous ces hommes qui subordonnent la recherche et la défense du vrai à un intérêt d'ordre politique.

Bien qu'ils se rencontrent dans diverses carrières, il y a lieu de signaler au premier rang certains journalistes de bas étage auxquels ne répugne aucune besogne, si ignoble soit-elle. Nous songeons à ces apologistes ou flagorneurs des groupes ou des individualités au pouvoir, que l'on prendrait pour des valets à gages chargés de défendre tout ce qui touche le drapeau du parti, la doctrine qui y est attachée et ceux qui le suivent : il est vrai que, par leur servilisme, ils se ménagent peut-être une récompense. Nous songeons à ces reporters qui travestissent l'histoire qu'ils sont chargés d'écrire au jour le jour, qui mentent à tout propos, ne répugnant pas à falsifier les faits, à fausser les idées et à ridiculiser les choses les plus graves. Entre les politiciens sans pudeur et ceux qui se meuvent dans leur orbite,

nous ne savons à qui donner la palme comme corrup-
teurs de l'opinion publique; ils font tous partie de la
même bande sacrilège.

LES PROCÉDÉS DE POLÉMIQUE.

Tout près de la politique, et se confondant souvent
avec elle, ce qu'il faut redouter aussi ce sont les procédés de discussion empruntés à la polémique ou à l'é-
loquence sensationnelle.

Un ferrailleur ne voit que le succès immédiat. Parer
des coups ou en porter, tout est là. Un avocat qui plaide
cherche à sauver son client et, s'il y parvient, assez peu
lui importe que son argumentation ait été jugée faible,
voire même déplorablement insuffisante. Il voulait produire une impression, le tour est joué. Tout autres
sont les exigences de la recherche scientifique; elle
réprouve les trucs, les artifices de dialectique; elle ne
veut que des armes loyales.

Nous devons relever chez les joûteurs qui ne visent
qu'au résultat immédiat, une forme de raisonnement
très ordinaire et dont ils tirent un parti considérable.
C'est celle qui consiste à s'opposer à une mesure quelconque, non parce qu'elle paraît mauvaise en soi, mais
parce qu'elle ressemblerait à une concession faite à des
adversaires redoutés. Cette attitude intransigeante se
défend par des arguments du genre de ce dicton populaire : « Si on leur en donne long comme le doigt, ils en
prennent long comme le bras ».

Mais qu'est-ce que signifie tout cela? Il ne s'agit point

de concessions faites à un adversaire, mais envers ce qui est bien et juste. Que penserait-on d'un physicien ou d'un chimiste qui refuserait de se rendre à l'évidence parce qu'en le faisant il causerait de la satisfaction à un rival d'influence? A ce jeu, il perdrait son crédit. En science sociale, ces choses paraissent encore possibles, et c'est un grand malheur que l'indulgence accordée à tant de publicistes tout d'une pièce et qui n'en font pas d'autre.

Et quel cas faire de la prétendue sagesse de ces conservateurs occupés à creuser le fossé qui sépare les tendances extrêmes? Ils refusent tout; soit. Seulement quand la corde est trop tendue elle casse. Nous ne savons pas de fauteurs plus actifs des révolutions. Les hommes qui font les socialistes et les sectaires dangereux, les voilà.

Il y a encore une autre manière fort commune de pratiquer l'intransigeance. Elle consiste à rejeter une mesure quelconque, non pas parce qu'elle est mauvaise en soi, mais parce qu'elle s'écarte trop d'une conception idéale plus avancée. On refuse le moins afin d'avoir le plus. C'est toujours le principe du tout ou rien.

Nous nous empressons cependant de convenir qu'il est des cas où il faut, comme on dit, savoir reculer pour mieux sauter. Certaines solutions incomplètes risquent, en passant dans l'usage, de retarder l'avènement d'une réforme efficace. Demander à une assemblée politique de donner une seconde édition revue et corrigée de son œuvre, est souvent une bonne tactique. Il ne faut pas, néanmoins, forcer ce principe, car à ce compte

on risquerait de retarder les évolutions nécessaires. Le
critère est d'ailleurs à la portée de chacun et il se ramène à cette formule : ferons-nous plus de bien que de
mal? ou à celle-ci : le bien que l'on poursuit serait-il
payé trop cher par une mesure mal conçue et qu'il y
aurait peut-être lieu de regretter?

De l'intransigeance doctrinaire, si odieuse et si mal-
faisante, aux procès de tendances et aux gros mots,
il n'y a pas loin. A lire les socialistes d'avant-garde, il
existerait dans le monde deux classes d'hommes : les
victimes, c'est-à-dire ces messieurs et leurs amis, et, en
face, des bourgeois égoïstes et repus, de sinistres op-
presseurs. Les modérés ne sont pas toujours plus équi-
tables que les prophètes du socialisme subversif. Il y
a quelques semaines, à propos d'un projet de loi tendant à introduire en France l'impôt progressif en matière successorale, de très graves journaux dénonçaient
ce qu'ils appellaient sans rire la « confiscation légale, »
et reprochaient à l'auteur du projet, M. Poincaré, de
tendre la main aux collectivistes (*sic*). Ce sont là de regrettables excès.

Que dire encore de l'énumération incomplète ou tron-
quée, du triage partial des faits, qui constituent une
des formes bien caractérisées du mensonge? Que dire
des assertions en l'air, des chiffres avancés à la légère
et se rapportant peut-être à d'autres objets que ceux qui
sont en cause?

Que dire de l'art si spécieux de déplacer les questions
et de noyer le point essentiel, le nœud du débat, dans
un flot de considérations étrangères? Qu'on lise, par

exemple, quelques-uns des ouvrages parus en ces dernières années sur la mission normale de l'État. Ce sont des dissertations à perte de vue sur les sociétés antiques, comme si les vieilles conceptions de l'État et les conceptions actuelles n'étaient pas séparées par un abîme; comme si le socialisme expérimenté à Sparte avait quoi que ce soit de commun avec ce que l'on désigne aujourd'hui sous ce nom. Ou bien on nous apprend que l'État manque d'initiative, qu'il n'a rien inventé, qu'on ne lui doit ni le métier Jacquard, ni les chemins de fer, ni le téléphone : on aurait pu ajouter ni l'Iliade, ni le *Requiem* de Mozart. Mais qu'est-ce que cela prouve? A-t-il été jamais question de condamner les particuliers à l'inaction, et de charger les seuls gouvernements d'ouvrir de nouveaux horizons à la science et aux arts pratiques?

Autant de procédés qui jurent avec le respect dû à l'économie sociale, considérée comme une science sérieuse.

LE MILIEU SOCIAL.

Une autre influence contre laquelle il faut savoir se prémunir, c'est celle du milieu social. Ici, c'est la mondanité qui règne et, avec elle, le scepticisme à l'endroit des grands intérêts sociaux. On en parle peut-être, mais à peu près comme on ferait de modes et de chiffons. S'il y a quelque sympathie réelle dans cette attention prêtée à des sujets plutôt attristants, on ne saurait toutefois y discerner une bonté résolue à se dépenser en œuvres utiles. Pour sentir la vraie portée des revendications qui s'élèvent, il faudrait avoir vu souffrir, mais on préfère n'assister à ce spectacle que de loin. Et d'ailleurs, les devoirs de société sont déjà si encombrants, et le fardeau des occupations si lourd ! Comment suffire à tout?

Ailleurs le milieu social est tout différent. C'est la misère qui prédomine, la souffrance quotidienne, comprimant les corps et souvent les esprits eux-mêmes, sous sa main de fer. Il est malaisé aux malheureux qui végètent dans ces pénibles conditions de. toucher aux questions sociales sans y mêler ce qui remplit leur cœur : l'amertume, le sentiment que le monde est livré à des forces aveugles, au hasard, que les biens y sont mal ré· partis, — d'où la haine contre ceux que la fortune a favorisés, les riches, voire même les simples bourgeois, sur la tête desquels s'entassent comme à plaisir tous les reproches. Que, par là-dessus, arrivent les agitateurs professionnels, les entrepreneurs de grèves, les politiciens vengeurs des iniquités sociales, il n'en faut pas davantage pour exacerber encore toutes ces rancunes, et alors c'est le délire qui éclate. La raison est mise en sous-ordre, la lucidité d'esprit n'apparaît plus que par intermittences. Déplorables conditions mentales, on en conviendra, pour aborder l'étude du progrès économique et moral au sein de l'humanité.

LA COURTISANERIE.

A côté de l'action générale du milieu ambiant, il convient de signaler une autre influence plus spéciale, mais non moins corrosive : la fascination exercée par les hommes possédant la notoriété et l'influence.

Voici, d'un côté, certaines personnalités haut placées dans la science ou dans les sociétés savantes — ce qui n'est pas toujours synonyme — ou encore dans le monde de la politique, de l'Église, ou des affaires. Et voici, d'autre part, des gens, des jeunes gens surtout, qui ont leur carrière à faire et désirent arriver.

Il y aurait bien, pour ces derniers, la route royale des adeptes du travail opiniâtre, que rien ne lasse et qui sont moins pressés d'atteindre le but qu'ambitieux de n'y parvenir qu'à l'aide des moyens les meilleurs ; mais il en est une autre qui coûte moins d'efforts et présente d'autant plus de séduction. Elle consiste à chercher son point d'appui dans l'intervention des hommes qui ont, comme on dit, le bras long. A cet effet, on les entoure, on les prévient, on les cite en temps et hors de temps, on les enguirlande de qualificatifs flatteurs, on leur donne de l'éminence sans marchander.

La première méthode est lente, ardue, fière : elle suppose un caractère stoïque. La seconde est plus à la portée de la grande masse ; c'est celle des opportunistes, et bien que notre préférence entre les deux catégories d'esprits ne puisse être douteuse, nous devons cependant dire un mot en faveur des opportunistes.

Ils ont une excuse. C'est qu'en certains pays il n'y a guère de réussite possible, dans les professions libérales, que pour les habiles qui savent choisir leur chef de file et se faire, en quelque sorte, remarquer par quelqu'un. Et, après tout, le succès s'impose dans nombre de cas : il faut manger, solder ses dépenses, tenir un certain rang. Au surplus, d'avoir raison contre tout le monde, c'est avoir tort, selon le mot de Mirabeau, et l'existence est devenue si dure aux don Quichottes qu'il n'en reste presque plus. Cependant, toutes ces circonstances atténuantes ne nous empêchent pas de déplorer, pour la science sociale, la défection de tant de jeunes et brillantes intelligences, victimes du parasitisme et de l'abdication intellectuelles.

Où domine cette servilité d'esprit, c'en est bien fini, en effet, de la vraie science. Penser juste et dire, sans se laisser arrêter par aucune considération humaine, ce qui ressort de l'étude des faits, c'est bien de cela qu'il s'agit! La rhétorique, les doctrines toutes faites et qu'il n'y a qu'à rééditer avec d'insignifiantes variantes de forme, fréquemment l'étalage charlatanesque et, dans les circonstances les plus heureuses, quelques enquêtes documentaires, presque toujours plus volumineuses qu'instructives, voilà à peu près tout ce dont ils sont capables. Leur objectif est ailleurs : c'est une place, une nomination honorifique, un prix dans un concours ou quelque petit bout de ruban, après que l'on aura tiré toutes les ficelles et fait jouer toutes les influences. Au lieu de la maxime antique : *amicus Plato, sed major amica veritas,* tout est subordonné au succès immédiat, matériel, à l'avancement, à ce qui brille, à ce qui rapporte.

Ce n'est pas seulement, nous en convenons, dans les études sociales, que se manifeste ce manque d'indépendance et de probité scientifique. Le danger de courtisanerie est toutefois plus grand chez elles que dans les autres disciplines : un mathématicien, par exemple, un géologue, un physiologiste, sera moins exposé qu'un sociologiste à se faire la simple doublure d'un personnage marquant. Mais la question offre encore d'autres aspects fâcheux.

Qu'une troupe de thuriféraires intéressés brûlent l'encens devant le demi-dieu et répètent à journée faite :

> Que son mérite est extrême,
> Que de grâce, que de grandeur...!

qu'adviendra-t-il? Deux choses :

D'abord les braves gens à qui s'adressent ces discours vont s'en laisser griser. Ils se mettront à pontifier. Ils pourront sans doute rendre encore des services. — soyons équitable — mais leur étroitesse de vues les rendra exclusifs et intolérants à l'égard des petits esprits insupportables qui font preuve d'indépendance et dérangent leurs théories.

Et, en second lieu, nous verrons s'établir des orthodoxies temporaires et mensongères, de petites chapelles de la doctrine officielle menant grand bruit et auxquelles pourtant il ne restera pas un jour de survie après que le personnage qui les soutient de son crédit aura disparu. La foule, en effet, finit par croire que ceux qu'on acclame devant elle sont des prophètes. La badauderie est si aveugle.

Dans tous les domaines, ceux qui se font des images taillées négligent le culte du vrai Dieu, nous voulons dire ici de la science, laquelle ne connaît d'asservissement qu'à la vérité.

LA RELIGION.

Autre pierre d'achoppement, autre influence perturbatrice : l'obstacle religieux, car, si étrange que cela semble, la religion, mal comprise (nous le voulons bien), peut affaiblir et endormir l'intérêt pour le bien général.

Le danger réside d'abord en ceci : réserver tous ses efforts désintéressés, tout son esprit de sacrifice pour l'Église. Nous sommes en pays catholique. Nous trouvons des sanctuaires nombreux, des calvaires, des oratoires, de belles sonneries de cloches. Peut-être apprendrons-nous que de riches fondations assurent de nombreuses messes, pour les vivants et les morts, et de pittoresques processions. Mais la contrée est pauvre et plongée dans une ignorance qui n'est favorable qu'au maintien de poétiques et naïves superstitions. Des gens auxquels manque le nécessaire font des offrandes à l'Église qui les accepte, et entreprennent des pèlerinages en mendiant. Du reste les croisées des routes sont marquées par des apparitions lugubres de formes humaines qui tendent la main. Pas une infirmerie, peut-être, et lorsqu'un malade sera atteint d'une affection grave exigeant les secours de l'art, il faudra l'envoyer au loin, voir même chez des libres-penseurs ou des hérétiques plus prévoyants.

Si des contrées catholiques nous nous transportons en pays protestant, nous trouvons des différences profondes. La plus considérable, c'est que l'Église a cessé d'être un but; elle n'est plus qu'un moyen, en sorte que naturellement son activité déborde dans les œuvres de philanthropie, d'éducation, de relèvement moral. Il y a pourtant dans ce milieu quelque chose qui rappelle l'exclusivisme dont nous venons de parler : c'est la tendance, au sein de certains groupes, à se renfermer, plus qu'il ne conviendrait et que ne réclame le principe de la division du travail, dans les entreprises strictement religieuses, dans l'édification et l'évangélisation; mais nous reviendrons tout à l'heure sur ce point. Et un autre côté par lequel ces protestants rappellent les catholiques, c'est par leur disposition à ramener la pratique de la charité chrétienne à une distribution de secours en nature ou en argent.

Ceci nous amène à un deuxième aspect de l'obstacle religieux : le prestige de l'aumône.

*
* *

On connaît l'ancienne doctrine consacrée par les siècles et encore si vivace, malgré tout ce qui aurait dû la faire reculer :

Tout homme qui aspire à entrer dans le ciel éprouve une certaine inquiétude. Sera-t-il trouvé recevable auprès de Dieu? Mais il y a un moyen commode de triompher de cette difficulté. C'est de se mettre en quête d'un pauvre et de lui venir en aide. Qui donc osa douter des harmonies préétablies ! Le pécheur a besoin d'obtenir le pardon de ses péchés, l'indigent désire de son côté obtenir une obole : en glissant quelques sous dans la main du mendiant, vous faites votre salut et soulagez un malheureux.

Cette vertu de l'aumône doit être bien profondément ancrée dans certains esprits pour que nous la retrouvions jusque dans les poésies de Victor Hugo. Que l'on se rappelle la fille du grand poète dans une touchante élégie des *Contemplations*.

> Elle cherchait des fleurs sans cesse
> Et des pauvres dans le chemin.

Que l'on relise surtout la pièce si connue intitulée : *Pour les pauvres*. Là, en effet, l'aumône n'est pas seulement la clef qui ouvre le ciel à une âme, c'est encore une façon commode de solliciter les avantages terrestres : on pourrait presque dire que c'est un placement à haut intérêt.

> Donnez! afin que Dieu, qui dote les familles,
> Donne à vos fils la force et la grâce à vos filles;
> Afin que votre vigne ait toujours un doux fruit;
> Afin qu'un blé plus mûr fasse plier vos granges;
> Afin d'être meilleurs; afin de voir les anges
> Passer dans vos rêves la nuit.

> Donnez!... donnez!...

> Donnez! afin qu'un jour, à votre heure dernière,
> Contre tous vos péchés vous ayez la prière
> D'un mendiant puissant au ciel!

Dans une telle conception, l'aumône est la grande œuvre sociale. Un homme n'ira peut-être pas plus loin,

13*

mais il peut se rassurer, car il s'est servi du moyen par excellence, et son bonheur éternel est certain.

Dans un article de la *Revue des Deux-Mondes* qui a fait sensation, M. Brunetière invoquait en faveur de la thèse de l'autorité doctrinale du Souverain-Pontife, le besoin de soustraire certains passages des écrits sacrés à l'interprétation individuelle qui en eût tiré des choses dangereuses, et les passages visés étaient précisément ceux sur lesquels s'appuie la pratique de l'aumône. Il faut convenir qu'il reste encore bien à faire sous ce rapport.

On connaît le cas de saint François d'Assise, donnant à tout venant les marchandises de la boutique de son père et, après s'être dépouillé de tout, se mettant à mendier à son tour. Mais ce n'est là qu'un exemple entre mille que l'enseignement officiel ne cesse d'exalter. Nous avons eu la curiosité de parcourir à ce point de vue, la *Vie des Saints* de l'abbé Pradier, un livre : « pour tous les jours de l'année », dit le sous-titre. Nous y relevons le passage suivant dont la netteté ne laisse rien à désirer : « *Saint Médard*. Lorsque son père lui confiait la garde de son haras, Médard distribuait aux pauvres toutes ses provisions, et rentrait le soir à jeun dans la maison paternelle. Un jour il alla plus loin. Un guerrier franc vient à passer, portant sur l'épaule une selle et une bride : Pourquoi voyagez-vous ainsi? lui demanda le gardien. ... Voici des chevaux ... choisissez celui qui vous conviendra et ne vous fatiguez pas davantage. — Réflexion pratique : ils sont très nombreux les grands saints qui ont débuté par d'insignes aumônes ».

Cette faveur marquée pour l'aumône a porté ses fruits dans les pays où domine le catholicisme romain. Le grand mot d'ordre est partout : Donnez ! Donnez pour nos orphelins, pour nos malades , pour nos vieillards , pour nos pauvres ! Des foules considérables sont classées parmi les assistés de profession. Le métier de mendiant fleurit, et une multitude de gens, comme s'ils trouvaient leurs misères insuffisantes, les exagèrent encore et en font l'étalage au bord des routes ou au coin des carrefours. Bien plus, comme pour relever le prestige de ces pratiques, il s'est constitué des ordres religieux qualifiés sans réticence de mendiants.

Il fallait légitimer un tel régime. Certains théologiens se sont procuré un curieux argument. Ils ont invoqué cette parole du Christ « Vous aurez toujours des pauvres parmi vous. » Il nous semble toutefois bien difficile de voir dans ce texte autre chose que la simple constatation d'un fait qui n'est malheureusement que trop évident, savoir que, malgré le progrès des temps et les changements de toute sorte que les sociétés sont appelées à subir dans la suite des âges, la pauvreté sera difficile à extirper.

Au surplus, s'il existait l'ombre d'un doute sur le sens à donner à la remarque du Christ, il y aurait un moyen facile d'en fixer la valeur. Le Christ a-t-il pressé ses disciples d'aimer le prochain et de chercher en tout son bien véritable? Poser cette question, c'est y répondre. Or, à quel homme intelligent réussira-t-on à faire admettre que de donner, sans examen sérieux, et sans autre but que d'ériger l'aumône en un moyen de salut personnel, soit une méthode susceptible de résoudre les difficultés sociales? N'est-ce pas une forme singulièrement inférieure de la bienfaisance et de l'amour, celle qui consiste à prendre un homme et à lui dire : « Approche, je vais chercher à énerver chez toi le ressort de la dignité, et à te rendre incapable, à l'avenir, de te tirer d'affaire tout seul. Je vais m'appliquer peut-être à entretenir ta fainéantise. »

Et pourtant, ce n'est pas d'aujourd'hui que l'on se doute des abus auxquels donne lieu la bienfaisance faite à la légère. Qui ne sait que l'exploitation des bonnes âmes est un art dont vivent nombre de roués? A lire là-dessus, les révélations de M. Louis Paulian, qui a montré qu'à Paris tout au moins, si la bienfaisance opère sans méthode, la mendicité n'en est plus là.

L'aumône occupant, au sein des nations catholiques, la place centrale, la plupart des autres initiatives désintéressées périclitent. Nous ne voulons pas dire, certes, que les dévouements individuels et l'esprit de sacrifice fassent défaut; nous soutenons seulement que la philanthropie laïque ne compte pour ainsi dire pas, ou ne s'exerce guère qu'en opposition avec les œuvres religieuses. Presque rien dans ces milieux, de ces placements d'intérêt social dont nous parlions plus haut. Un homme riche, fût-ce à millions, n'aura que rarement cette intuition, qui devrait pourtant lui venir, que peut-être il pourrait doter son pays d'une création utile et laisser à ces foules qui ont parfois dirigé sur lui des regards d'envie, un souvenir durable de son intérêt. Et par une conséquence presque inévitable du système, toute initiative part de l'Église : c'est à elle que l'on donne, et c'est elle qui distribue les charités. Ce mot même de charités, ne renferme-t-il pas toute une doctrine dans cet aveu naïf et inconscient que l'acte suprême de l'amour entre les hommes consiste à faire l'aumône? Nous convenons bien qu'il est des situations nombreuses dans lesquelles l'assistance directe s'impose. Nous soutiendrons même que l'État, ainsi que les particuliers, a dans ce domaine des devoirs positifs à remplir. On trouvera plus loin un incident, un aveugle condamné pour mendicité, qui montre à quelles cruautés on arrive quand on méconnaît cette tâche; ce que nous combattons, c'est uniquement la tendance à faire de l'aumône la grande œuvre d'amour entre les hommes.

L'histoire de la chrétienté nous fait connaître deux apôtres de la charité qui représentent et incarnent pour ainsi dire les deux étapes du christianisme aux prises avec le paupérisme.

Le premier est saint Vincent de Paul, qui a pour titre principal d'avoir imprimé aux œuvres de bienfaisance un magnifique essor. Il crée des hospices, des asiles où les blessés de la vie trouveront le secours dont ils ont besoin.

Le second est le pasteur Oberlin. Il est mis à la tête de la paroisse alsacienne du Ban de la Roche dont les habitants végètent dans l'ignorance et la misère noire. Pendant qu'il les instruit et les édifie, il introduit chez eux les arts pratiques, l'agriculture, l'industrie, et transforme si bien ce plateau aride que jamais on ne vit miracle pareil.

Le premier des deux serviteurs de Dieu reste dans la donnée stricte de l'aumône. Le second ne se contente pas de soulager les souffrances, mais cherche à faire des hommes. Il y a entre saint Vincent de Paul et Oberlin toute la distance qui sépare le moyen âge du monde moderne.

Bien que le protestantisme soit moins « aumônier » que le catholicisme, il n'est pourtant pas absolument guéri du préjugé que nous venons de caractériser. Il n'est point rare que l'on recueille de la bouche ou de la plume de ses professants des éloges comme ceux-ci : tous ses biens passaient en aumônes ! ou encore « nos pauvres. » Et ce qui n'est point rare non plus, c'est que des personnes très donnantes éprouvent une répugnance instinctive à s'occuper d'un autre genre d'activité sociale que l'assistance. La preuve, c'est la difficulté que l'on éprouve parfois à leur faire comprendre cette chose pourtant si simple : la nécessité de centraliser la bienfaisance, afin de couper court à l'exploitation qui se produit du fait de certains quémandeurs individuels ou organisés.

Voilà, certes, des obstacles religieux, mais nous n'en avons pas épuisé la liste, et il y a intérêt à en montrer encore quelques autres.

****

Nombre de gens raisonnent à peu près comme suit en présence des difficultés sociales : « Convertissez-vous à l'Évangile, à l'Église, à telle ou telle manière de voir ou de croire en matière religieuse. Quand un homme a fait cela, il est régénéré et heureux ; s'il s'y refuse, il demeure à la merci de ses vices et de difficultés insurmontables. » Dans cette conception, le devoir social est très simplifié : il se ramène à l'évangélisation des foules, à la propagande auprès de ceux qui souffrent et qui demandent aide ou conseil, souvent aussi l'un et l'autre ensemble; le reste laisse souvent froid ou indifférent.

Il n'est point nécessaire de nourrir à l'endroit de la religion des sentiments hostiles, pour discerner ce que cette attitude présente d'étroit et jusqu'à un certain point de dur. Le Christ n'en agissait point de même, car le récit sacré nous apprend qu'un jour, ayant été suivi par une multitude qu'il avait nourrie spirituellement, il s'occupa aussi de rassasier les estomacs qui réclamaient leur dû. Un homme possédé jusqu'au fond de son être de l'amour de ses frères, se gardera bien d'oublier qu'à côté de leur âme ils ont un corps, dont il faut aussi s'occuper. Sans doute, il aura raison de penser qu'en dehors d'une rénovation morale, il ne reste à tant de gens victimes de leurs passions et de leurs mauvaises habitudes, aucune possibilité de relèvement durable, mais pour réhabiliter un malheureux il faut pourtant autre chose que des exhortations pieuses. Le matériel et le spirituel se tiennent comme deux frères siamois : impossible de traiter l'un sans l'autre. Que si, par impossible, la foi pouvait germer dans le cœur d'un homme à qui l'on se contente d'administrer de sages avis au moment où il crie qu'il n'a pas de quoi manger, de quels périls cette foi naissante ne sera-t-elle pas entourée ! *Malesuada fames !* C'est une terrible menace que les suggestions de la faim !

Mais poursuivons notre revue.

Quand Tolstoï prêche la non-résistance au mal, il doit causer une grande joie à nombre de gens de sac et de corde, qui ne s'attendaient pas sans doute à un pareil encouragement. Où en serait le monde si la défense légitime, si la lutte pour le droit, devaient céder la place à cette condescendance béate? La mansuétude, la bonté, la charité chrétienne, l'amour se déployant même envers ceux avec lesquels on est en lutte, fort bien, rien n'est plus grand, mais pas d'abdication !

La cause de pareils errements ne doit-elle pas être cherchée, au moins pour une part, dans une méthode d'interprétation des Saintes Écritures absolument vicieuse, et qui consiste à considérer les livres sacrés comme formés de paroles ayant toutes la même valeur, la même portée générale? Or, la Bible est avant tout l'histoire d'un peuple qui, au travers de difficultés de toute sorte, arrive à la religion en esprit, à la spiritualité la plus haute, et fournit ainsi un sublime enseignement ! Le littéralisme, c'est souvent la mort; un grand croyant, saint Paul, le déclare en propres termes, en disant que la lettre tue. Accepter une chose, simplement parce qu'elle est dans un livre, la Bible ou tel autre livre sacré, et quand même elle paraîtrait en opposition formelle avec le bon sens pratique ou les données de la conscience, c'est commettre un acte tout imprégné de folie ou d'immoralité. Si quelqu'un veut t'enlever ta tunique, donne-lui encore le manteau ; si quelqu'un te frappe sur la joue droite, présente-lui encore la gauche ; ces paroles valent les déclarations relatives à l'aumône dont les deux versets qui suivent offrent une sorte de résumé. « Donnez en aumône ce que vous avez » ou « ne te détourne point de, qui veut emprunter de toi ! » Les accepter comme renfermant une règle de conduite précise et universelle, c'est se faire un idéal irréalisable, malsain, gros peut-être, quand la réaction viendra, de révoltes contre Dieu et de blasphèmes à donner le frisson.

Il faudra même, si l'on entre dans cette voie, aller plus loin encore. L'extermination farouche des Chananéens par les Hébreux prend le caractère d'un haut fait, puisque c'était là l'accomplissement de la volonté de Dieu ; le châtiment terrible infligé à des enfants qui s'étaient moqués du prophète Élisée, sans y mettre pourtant beaucoup de mal, puisqu'ils s'étaient contentés de lui crier : « Monte, chauve ! » ou à Ananias et à Saphira, coupables de mensonges et d'hypocrisie, deviennent dès répressions normales.

Et quand on arrive là, on n'est pas loin du fanatisme qui refuse, à quiconque ne veut pas se soumettre à un certain *credo*, le droit à l'existence. Une perversion morale en amène une autre, et celle-ci nous intéresse fort. La tolérance de toutes les opinions qui ne sont pas de leur nature attentatoires à l'ordre public est, en effet, une condition essentielle du progrès social. De déclarer, comme le font encore certains énergumènes, parmi lesquels nous sommes confus de rencontrer des hommes de la valeur de feu Mgr Freppel, qu'il n'y a place au soleil que pour leur Église ou leur secte, et que la liberté de l'erreur n'existe pas, ce n'est pas un moyen de préparer le groupement de toutes les forces saines pour l'amélioration du monde.

Nous avons encore à formuler trois remarques pour en finir avec les obstacles religieux. La première se rapporte d'une manière très spéciale aux milieux protestants.

*
* *

La Réforme du xvie siècle a conduit à la formation d'un grand nombre d'Églises, et il ne faut pas s'en étonner. Du moment que l'on sort de l'unité imposée, le fractionnement doit se poursuivre. Il y a des raisons géographiques et historiques, ainsi que des raisons doctrinales, qui travaillent dans le même sens.

C'est dans les pays de race anglo-saxonne que cette subdivision a été poussée le plus loin. En Angleterre, les dissidents forment le tiers de la population. Aux États-Unis, les Églises nationales ayant disparu, toutes les diversités se rencontrent. Eh bien! c'est dans ces pays que l'entente est la plus grande entre les diverses dénominations; chacun respecte son voisin, tout au moins son droit d'exister, et la concentration se fait sur le terrain des œuvres chrétiennes et de bien public.

Ailleurs, l'esprit sectaire est plus vivace. Des hommes faits pour se comprendre laissent s'élever entre eux des barrières infranchissables. Des entreprises de première importance souffrent du manque de cohésion entre leurs promoteurs. C'est une pitié, et il y aurait lieu de gémir sur les inconvénients de cette indépendance à outrance, si ce n'était le fruit naturel de la liberté; mais le devoir social, à défaut d'autres raisons, doit faire taire ces rivalités misérables et absolument désastreuses.

Le catholicisme n'a pas à souffrir sérieusement de l'esprit sectaire, vu sa centralisation, mais il a d'autres faiblesses et d'autres tristesses. Mon royaume n'est pas de ce monde, déclarait le fondateur du christianisme. Le pontife qui a son siège à Rome et qui commande à une fraction de la chrétienté a derrière lui une lignée de prélats qui ont longtemps prétendu se placer au-dessus des gouvernements temporels; aussi en a-t-il gardé l'habitude. Tantôt il combat un régime, tantôt il en soutient un autre, et ses affections changent souvent avec les pays, en sorte, qu'il n'est point rare de le voir professer simultanément la thèse et l'antithèse. Il n'est pas douteux qu'en descendant ainsi dans l'arène des partis et en s'ingérant de prononcer sur des contingences délicates, l'Église ne perde de sa vertu et de son prestige, mais en plus, et dans nombre d'occasions, elle devient positivement un ouvrier de ténèbres. C'est très particulièrement le cas en Italie à l'heure actuelle, où le Vatican continue à adjurer les fidèles de s'abstenir de prendre part aux élections parlementaires, aimant mieux laisser nommer des indignes que d'assurer par son appoint, le choix d'hommes honorables et disposés à travailler au relèvement de la patrie. Certes, la religion chrétienne, dans son essence, est bien innocente d'un pareil renversement de tous les principes : le malheur est que la masse ne distingue guère entre la religion et l'Église qui parle en son nom. Mais voici qui, au point de vue du progrès social, est sans aucun doute plus grave encore.

La morale catholique en regard de tout ce qui a trait aux relations entre les sexes est empreinte de l'esprit monacal le plus pur, c'est-à-dire le plus déplorable, Elle ne voit que le célibat; l'idéal qu'elle semble poursuivre serait le célibat universel. Un des premiers prédicateurs de la chaire française, le père Monsabré, ne déclarait-il pas en plein Notre-Dame que « Dieu est vierge » et que le mariage est « une concession faite à la plus basse partie de nous-mêmes. » Il ne faisait en cela que reproduire l'enseignement du Concile de Trente ' sur le mariage, représenté comme un degré inférieur de sainteté. De la sorte, qu'un homme et une femme s'unissent pour fonder un foyer, ce sont des êtres à demi-déchus. Joli compliment adressé aux personnes qui ont cru pouvoir, sans se déshonorer, contracter l'union conjugale, et dont l'insulte monte à Dieu lui-même qui n'a rien négligé pour conduire à de tels égarements, si, égarements il y a. Il est difficile, après cela, de venir prendre la défense de la famille et de flétrir la luxure dans les mœurs et dans le langage, notamment dans la littérature où elle s'étale comme chez elle. Où est la norme? Ce ne sont que nuances dans le mal, et la doctrine de la muraille de la vie privée vient alors assurer l'impunité aux coupables.

Il n'y a pas de paroles assez sévères pour stigmatiser

cet ébranlement donné aux notions les plus élémentaires de la moralité. Une société dans laquelle la vie de famille n'est pas honorée comme le fondement même de l'édifice social, est bien malade. Elle pourra faire preuve de qualités diverses absolument éminentes : honorabilité commerciale, aménité des manières, caractère chevaleresque, dons de l'esprit, mais elle ne saurait prospérer. Elle porte dans son sein une plaie profonde qui la consume.

On voudra bien nous entendre et ne pas forcer notre pensée. Nous n'avons garde de soutenir que les bonnes mœurs soient le monopole de telle ou telle forme religieuse ; nous nous gardons bien d'affirmer qu'au sein du catholicisme, il n'y ait pas une certaine résistance aux doctrines que nous venons de rappeler, et, en très grand nombre, des ménages absolument honorables, voire même admirables. Nous déplorons seulement que la religion ne concoure pas, autant qu'elle le pourrait et le devrait, à la sainteté du mariage, qu'elle se défasse de son caractère éthique au profit d'un ascétisme éclos dans le cloître et qui fait trop bon marché des grands intérêts de la vie.

LA SENTIMENTALITÉ.

Il est, à côté de la religion, une sorte de piété particulière dont le nom est sentimentalité. Rousseau triomphe quelque part d'avoir pu s'écrier avec émotion : Je suis encore homme ! Il semble que ce philosophe ait laissé beaucoup de disciples. Nous retrouvons dans cette phalange ce même faible pour l'aumône que nous avons constaté chez certains croyants, cette même facilité à penser que le fait de sortir quelque argent de sa poche représente l'accomplissement du devoir social. Dût-on faire du mal en habituant des gens à se réclamer de la charité publique et même à l'exploiter par certains arti-fices, on célèbre avec attendrissement, comme une action digne de mémoire, la distribution de quelque monnaie. Nous voulons bien qu'un tel acte trahisse de la sympathie pour les malheureux, mais il convient de n'en pas sur-faire le mérite, car au point de vue du bien à faire, on peut trouver infiniment mieux.

Il y a lieu de combattre les manifestations de ce genre, car indépendamment des résultats fâcheux qui en peuvent résulter, elles ont le tort de suffire à nombre de gens qui trouvent très commode de s'y arrêter. Cette façon enfantine et naïvement poétique de comprendre la tâche à remplir envers les déshérités était exposée dans les lignes suivantes d'une feuille quotidienne qui, en les publiant sans commentaires, déclarait assez en ap-prouver la tendance. Et, en fait, cet état d'esprit est plus répandu que l'on ne penserait au premier abord.

« J'étais au café : j'aurais pu, j'aurais dû peut-être ne pas y être...; et je humais un bon cigare avec un verre de bonne chartreuse devant moi.

« Par une porte de côté je vis entrer maigrelet, chétif, avec un gros panier au bras, un garçonnet de 9 à 10 ans. Il vint droit à moi, me disant : pour un sou ! — et il me tendait un bouquet d'orchis rouges des champs. Et je lui répondis : J'en ai assez de toutes ces mendi-cités : Zut! Et le maigrelet, de ses yeux candides, fixant ma face rebondie, me dit : Alors, vous aussi vous êtes pauvre...!

« Oh oui, j'étais pauvre, mais pauvre de cœur; ma foi, j'ai vidé le panier, il y en a eu pour toutes, femmes, belles-sœurs, cousines et belles-mères, directes et indirectes. Et l'enfant maigrelet au panier d'orchis, avec son père mort, sa mère chétive, a eu raison, dans sa limpide âme d'enfant, de dire : « Vous êtes pauvre », à ceux qui peuvent et ne veulent pas. »

Le morceau que l'on vient de lire reste dans la donnée de quelques pièces de monnaie distribuées, ce qui montre qu'il ne faut pas grand chose pour provoquer chez certaines natures un transport d'attendrissement. Et ce qu'il y a de plus étrange, c'est de voir cette sentimentalité faire explosion chez des gens qui n'ont pas toujours l'excuse du mobile religieux faussant leurs idées sur le compte de l'aumône.

Cette façon commode et béate d'entendre le devoir social, de jeter quelques sous, les yeux fermés et sans se donner le mal de rechercher les moyens de relèvement sérieux, ne mène pas loin.

Il est donc des âmes tendres qui nous semblent faire fausse route. Nous nous garderons bien toutefois de considérer la rudesse et l'impassibilité comme un brevet de supériorité en matière sociale. Or, il est des hommes qui en sont là et qui, du haut de leur calme olympien, n'aiment rien tant que railler ceux qui sont encore capables de pitié à la vue des souffrances humaines. Nous allons les retrouver tantôt.

L'IRRÉLIGION.

Si la religion mal comprise peut devenir un obstacle au progrès social, que penser de l'irréligion? Que dire de ce fanatisme iconoclaste qui reproche justement aux diverses Églises de s'être montrées intolérantes, mais excommuniera à son tour ceux qui n'ont pas la religion de l'irréligion? Que penser de ces réformateurs sociaux qui ne veulent pour alliés dans leurs entreprises que ceux qui auront déclaré la guerre à l'âme et aux choses de l'âme? Ils ne voient donc pas qu'en prenant à partie le sentiment religieux ils s'attaquent à une force morale de premier ordre, qui a été et sera encore dans le monde l'inspiratrice des vertus les plus pures et des dévouements les plus sublimes? De quel droit affirment-ils que le pain du corps doit suffire à tout le monde, même à ceux qui soutiennent qu'il leur faut davantage? Très bizarres ces admirateurs du fait positif qui répudient tout simplement, comme nul et non avenue, l'expérience religieuse !

Ils devraient au moins se mettre d'accord avec eux-mêmes, c'est-à-dire avec leur philosophie. Est-ce donc à des libres-penseurs qu'il sera nécessaire de rappeler que le for intérieur est libre, échappant à tout contrôle comme à toute contrainte du dehors, et qu'y pénétrer sans permission est plus criminel que de forcer nuitamment la porte d'une maison fermée à double tour? Chacun est maître de ses opinions, et si vous ne consentez pas à souffrir celles d'autrui, en vertu de quel nouveau principe de réciprocité réclamerez-vous le respect pour celles que vous professez? Discutez les doctrines, c'est votre droit, bien plus, c'est votre devoir, mais vous ne sauriez aller plus loin. Si des hommes qui ne pensent pas comme vous cherchent à faire le bien, à rendre des services, à exercer une action utile dans leur pays, vous sied-il de les décourager par vos défiances ou vos sarcasmes? Les ouvriers dévoués sont-ils donc si nombreux et les maux à guérir si minimes que vous puissiez prendre sur vous de décourager certaines bonnes volontés?

LE DARWINISME SOCIAL.

Ce qu'il faut craindre aussi, c'est une certaine science que nous qualifierons de monstrueuse, parce qu'elle fait violence à tous les sentiments de la nature et renverse les fondements mêmes de la morale sociale.

Voici, par exemple, un illustre savant anglais, un des esprits encyclopédiques les plus prodigieux de notre temps, Herbert Spencer, qui applique aux questions relatives au développement des collectivités humaines les idées maîtresses formulées par Darwin en histoire naturelle. Les êtres faibles, souffreteux, malingres, pour lesquels il y a impossibilité à triompher des obstacles et à s'adapter aux conditions générales de leur milieu, doivent disparaître : c'est dans l'ordre. La survivance des plus aptes et l'élimination des individus inférieurs sont les manifestations d'une loi sévère en apparence, mais au fond bienfaisante et que nous avons mission de respecter. En conséquence, celui qui réussit

à prolonger l'existence d'un être marqué du signe de la
mort, fait une œuvre répréhensible ; il retient un élément que la nature expulsait du nombre des vivants et
qui contribuera peut-être à la dégénérescence de l'espèce en donnant naissance à des individus étiolés comme
lui. En vertu de ce principe, il faut blâmer avec la dernière sévérité ces gouvernements ineptes qui s'obsti-
nent, contre toute raison, à nourrir les incapables et
encouragent chez les natures molles et flasques l'abdication de la volonté. Spencer a constamment devant les
yeux les *work houses* ou asiles des pauvres d'Angleterre,
et au lieu de passer condamnation sur ce système très
défectueux qui consacre la charité légale la plus inconsidérée, il se déchaîne avec une violence qui n'a pas de
nom contre toute espèce de philanthropie publique ou
privée. Il suffira de ce court passage tiré de l'un des
ouvrages du savant disciple de Darwin pour juger de
l'ensemble de cette doctrine. « La pauvreté des incapables, la détresse des imprudents, le dénuement des
paresseux, cet écrasement des faibles par les forts qui
laisse tant d'individus dans les bas-fonds de la misère,
sont les décrets d'une bienveillance immense et pré-
voyante. »

Nous comprenons jusqu'à un certain point comment
M. Spencer a pu aboutir à de telles conclusions. Tout
d'abord il est acquis, pour certains savants, que la
vraie science doit demeurer sans entrailles, comme si
une doctrine qui s'interdit de rien sentir et regarde les
êtres sensibles et raisonnables comme de simples molé-
cules inertes, ne manquait pas d'un facteur essentiel. Et

nous savons aussi combien la tentation est grande pour des investigateurs qui ont fait des études comparatives étendues, de voir partout des analogies ; mais de ce que Darwin a montré une évolution irrésistible dans le monde inorganique, il ne suit pas qu'une évolution pareille doive exister dans des sociétés composées d'individualités pensantes ; on ne fait pas ainsi abstraction de la raison et de la volonté, et Laveleye a justement stigmatisé ce darwinisme social farouche.

Il nous en coûte pourtant de devoir constater qu'une théorie si homicide a pu être énoncée sans que la plume reculât sur le papier. Le monde devrait s'abîmer dans un cataclysme, qu'il faudrait encore honorer ceux qui cherchent à sauver des hommes en train de périr. Il n'est pas de science qui soit autorisée à condamner comme une faute la sympathie pour les deshérités de la vie... A vrai dire, nous ne croyons pas cependant que ces théories soient fort à craindre, et nous serions même bien surpris si leur auteur les appliquait. Nous leur connaissons à peine, en nos pays quelques adeptes un peu déclarés. Cela étant, nous aurons, nous semble-t-il, le droit de demander compte à certains économistes de l'école classique de l'empressement qu'ils mettent à citer à tort et à travers le philosophe anglais. Ils ne voudraient sans doute à aucun prix être accusés de penser comme lui, et ils se font une douce jouissance de rééditer, entre autres choses, ses charges à fond contre l'imbécillité des gouvernements, en oubliant de nous dire à quel système se rattachent ces morceaux de haut goût.

Ainsi en usent également les socialistes, qui ont été même jusqu'à faire figurer M. Spencer parmi leurs autorités. Celui-ci crut devoir protester, il y a quelques mois, contre ce procédé : « L'assertion, écrivait-il, que mes vues favorisent le socialisme, me cause une grande irritation. J'estime que le triomphe du socialisme serait le plus grand désastre que le monde ait connu. »

LES TRAVERS PROFESSIONNELS.

Nous devons faire figurer ici deux travers d'esprit très graves, qui se développent particulièrement dans le monde du code et du barreau. Toute profession porte à certains tics moraux, mais ceux que nous allons indiquer font un mal énorme.

Le premier des tics auxquels nous faisons allusion est la tentation de parler sur n'importe quel sujet, voire même *de omni re scibili*, bien plutôt pour faire un discours que pour soutenir une opinion personnelle sincère et quelque peu mûrie. Un sujet s'est présenté, l'orateur éprouvait l'envie de parler, il devait partir d'un pied ou de l'autre, il s'est décidé pour l'une des deux directions, et peut-être le choix est-il résulté d'un minuscule incident. Histoire, comme on dit, d'ennuyer quelqu'un, ou de n'être pas de l'avis de tout le monde.

Nous savons bien que le faible qui nous occupe n'est pas le monopole exclusif des habitués du palais. Il y a dans toutes les classes de la société des personnages qui feraient bien de se réciter tous les matins le distique d'Andrieux :

Qui veut parler sur tout souvent parle au hasard.
On se croit orateur, on n'est que babillard.

Mais le danger est au maximum chez les hommes qui, par leur activité ordinaire, ont appris à échafauder une argumentation sur des pointes d'aiguilles, à défendre des gens ou des idées qu'ils auraient souvent préféré combattre, ou *vice versa*, et à cultiver le paradoxe en regard même de leur propre jugement.

Toutefois, le second tic est plus redoutable encore. C'est la prédominance de l'esprit légiste, légaliste, formaliste, juridique ou, si l'on préfère, du droit positif sur le droit naturel, ce prototype dont les lois existantes ne font que refléter imparfaitement l'image. Nombre d'hommes expliquent la formule sacrée, donnent des consultations, instrumentent, écrivent des articles ou des livres, mais sans que leur science aille plus loin que la lettre moulée. Leur jugement personnel a été en quelque sorte oblitéré par la pratique journalière.

Sans doute, à force d'honnèteté native ou voulue, nombre d'adeptes de l'auguste science du droit échappent au péril; mais les exemples de défection à la justice et à la raison doivent être bien grands pour expliquer les anathèmes de tant de penseurs éminents :

Écoutons Émile Acollas : « Aux époques où les énergies morales s'affaissent, paraît le plus détestable esprit qui puisse miner les sociétés... Il y a soixante-huit ans qu'en France l'esprit légiste s'est fait l'allié de l'esprit militaire ; il y a soixante-huit ans que, sous tous les régimes qui se sont succédé en France, ce même esprit corrompt et dissout le corps social ; contre l'esprit légiste, il n'existe qu'un remède : il faut revenir à l'idée de droit. »

Et Tocqueville : « Depuis surtout que l'étude du droit romain s'est répandue, l'exemple de toutes les nations de l'Europe a prouvé qu'il n'y a pas de tyrannie qui ait manqué de légistes plus que de bourreaux. »

Voici encore Courcelle-Seneuil parlant de l'irruption des doctrines socialistes en France, spécialement depuis 1870 : « Qu'ont fait cependant les jurisconsultes ? Ils ont continué d'appliquer les lois existantes, de les inter-préter et de les commenter, comme si jamais ils ne s'é-taient aperçus qu'on débattait à côté d'eux des questions de droit vraiment capitales. »

C'est maintenant Auguste Comte, entretenant son ami John Stuart Mill de ses affaires privées, et après avoir nommé un avocat, écrivant ces lignes : « nouvelle preuve, assurément fort superflue pour vous, de la profonde démoralisation que produit finalement l'exercice actif de cette déplorable profession (celle d'avocat). »

A ces divers témoignages, nous n'aurions pas de peine à en ajouter encore bien d'autres, tout aussi accablants. Nous nous contenterons, pour rentrer dans le vif de notre sujet, de rapporter l'opinion du professeur Menger, une des lumières de la Faculté de droit de Vienne, qui dé-plore l'indifférence des juristes à l'égard des réformes sociales.

La tendance à voir la lettre et non le dessous de la lettre explique bien des énormités dans les lois et la procédure.

Le récit que l'on va lire tiré d'un journal de Paris qui n'a pas dû l'inventer, car ce n'est pas ainsi que l'on invente, est sous ce rapport aussi triste qu'instructif. Et dire qu'il peint un état de choses qui a pu se perpétuer en un pays au tempérament foncièrement généreux et même chevaleresque !

« Jean-Baptiste B. est aveugle; sa cécité est tellement complète qu'il ne peut faire un pas sans être conduit par la main. Incapable d'aucun travail, n'ayant ni pain, ni moyen de s'en pourvoir, il a imploré la charité des passants. Le 7 juin dernier, il se tenait, le chapeau à la main, sur le quai de l'Horloge, à la descente des Bateaux-Parisiens, et les agents l'ont vu recevoir deux fois l'aumône. Pour ce fait, il comparaît devant la huitième chambre, et le dialogue suivant s'engage entre le président et lui :

« Le président C... — Quels sont vos moyens d'existence ?

« Le prévenu. — Hélas ! monsieur le président, je mendie... je n'y vois pas, je ne peux pas travailler.

« Le président. — Vous avez déjà été plusieurs fois condamné... Vous êtes encore une fois inculpé de mendicité. Des agents vous ont vu.

« Le prévenu. — Je le reconnais, que voulez-vous ? étant complètement aveugle...

« Puis le simulacre de délibération que vous savez : un coup de tête à droite, un coup de tête à gauche, et le président :

« Le tribunal, attendu qu'il est établi...

« Un mois de prison.

« Un mois de prison à ce pauvre homme qui n'a commis un tout petit délit, au bout du compte, que parce qu'il était dans la totale impossibilité de ne pas le commettre ! Notez bien que l'intelligent tribunal qui le jugeait ne lui a même pas tenu compte de son état d'infirmité. L'évidente impuissance où il se trouve de gagner sa vie, la cruelle alternative où il est placé — puisque l'Assistance publique n'est pas assez riche pour le recueillir — d'enfreindre la loi ou de mourir de faim, ne lui ont même pas été tenues pour circonstances atténuantes. Il a été condamné juste à la même peine que s'il avait mendié par vice ou par paresse. Il a mendié, tout est là. — Mais Monsieur le président, que vouliez-vous qu'il fît ? — Qu'il mourût ! Nos magistrats ont l'âme cornélienne et ils le font bien voir aux pauvres gens. »

Cependant les travers professionnels vont plus loin que nous ne l'avons marqué. Ils peuvent même se rencontrer chez les philosophes les plus graves, car on en a vu partir d'idées absolues, non contrôlées, ou faire de la dialectique à outrance.

LE DILETTANTISME.

Ce qu'il faut redouter aussi, c'est la science prenant la forme de dilettantisme.

Voici des hommes positivement très érudits. Les uns sont médecins, les autres architectes. Ces hommes ont coûté cher à leur pays ; c'est pour eux, en effet, qu'il a fallu instituer à grands frais des enseignements scientifiques ou techniques divers : collèges ou lycées, académies ou universités, écoles spéciales, laboratoires. S'il leur arrive de songer aux sacrifices que la patrie s'est imposés pour les aider à suivre leur carrière, nul doute que dans leur cœur ils n'éprouvent une certaine reconnaissance.

Eh bien, nous sommes heureux de le constater, parmi les privilégiés dont nous parlons, il en est dont on ne saurait trop faire l'éloge, qui comprennent que leur savoir n'est pas une propriété leur appartenant en propre et qui, songeant à ce que leur pays a fait pour eux, sont enchantés de pouvoir de temps en temps lui exprimer leur gratitude en contribuant à quelque œuvre d'intérêt général, à quelque mouvement d'opinion, à quelque réforme désirable. Mais ceux qui en sont là forment-ils le grand nombre? Ce que nous pouvons du moins dire, c'est qu'il est beaucoup de ces spécialistes dont nous parlons qui n'ont jamais eu le soupçon de la moindre dette à acquitter envers leurs semblables.

Oh! pour parler avec compétence de mille questions d'une haute portée pratique, à eux la palme. Demandez-leur, par exemple, ce qu'ils pensent des découvertes de Pasteur, des microbes et de leur rôle dans la propagation des maladies. Demandez-leur de vous expliquer comment des habitations humides ou seulement privées de la quantité de lumière nécessaire deviennent des réceptacles de germes pathogènes, des pépinières où vont naître, grandir et prospérer la tuberculose et plusieurs autres maladies qui abattent leurs victimes par milliers. Demandez-leur encore comment, en certains pays, en Angleterre notamment, l'hygiène publique,

aidée par une législation hardie, a réduit souvent de
près de moitié la mortalité de jadis. Demandez-leur comment, dans ce domaine, l'art de la construction pourrait
tendre la main à la biologie. Sur tous ces points, sur
tous ces graves problèmes et sur d'autres questions du
même genre, ils possèdent au moins des aperçus et
quelques convictions. Si vous voulez vous en rendre encore mieux compte, vous n'avez qu'à les écouter quand
ils passent au crible de leur critique les faits dont ils
sont témoins, et surtout l'incurie de l'administration, qui
revient à tout bout de champ dans leurs discours.

Mais que font ces hommes pour mériter le nom de
citoyens utiles et dévoués? N'allez pas au delà de leur
dilettantisme, car ils vous causeraient une amère dé-
ception. Ils laissent les choses aller, sans nourrir l'ambition d'y changer quoi que ce soit. Ont-ils eu seulement
l'idée d'organiser une modeste société dans laquelle ils
viendraient, un certain nombre de fois dans l'année, se
concerter sur des progrès urgents et dont ils ont eux-
mêmes cent fois proclamé la nécessité? Non, de purs
dilettantes et rien que cela.

Si les médecins et les architectes pouvaient s'imaginer que nous les aurions pris en grippe, ils se trompe-
raient fort, car le reproche que nous venons d'adresser
à une fraction d'entre eux, nous pourrions le rééditer
en faisant le tour des professions libérales.

Voici les hommes sortis des facultés de droit. Il en
est qui sont tellement dominés par l'esprit juridique
pur qu'ils ne voient même pas dans l'arsenal des lois ce
qui jure avec le droit naturel et devient iniquité : nous

en avons déjà parlé, ils ne nous retiendront pas davantage. D'autres ont un discernement très juste, mais ils n'ont pas le courage de creuser un sujet ou, s'ils le font, ce sera pour aboutir à une simple note quelque part; cependant quand arrivera l'homme d'action qui mettra son cœur à faire aboutir la réforme urgente, ils pourront lui dire qu'ils s'en étaient occupés. Voici encore des théologiens, des pédagogues qui ont été souvent offusqués de certains abus se perpétuant dans l'Église ou dans l'école, mais qui répugnent à attacher le grelot, alors que souvent il suffirait pour donner le branle aux esprits, de manifester nettement son sentiment. N'est-ce pas ainsi, en effet, que se forme l'opinion publique?

Savoir n'est rien, au point de vue du progrès social, aussi longtemps que la connaissance ne s'est pas transformée en actes utiles.

L'ÉCONOMIE POLITIQUE.

Et les économistes, que penser de la disposition d'esprit qu'ils laissent voir et qui, si souvent, les achemine, eux aussi, à une attitude essentiellement expectante et négative? Quel cas faire de cette science qui, au lieu de mettre en lumière les maux dont souffrent les hommes de notre temps et d'indiquer les remèdes qui peuvent y être appliqués, semble s'être donné pour principale tâche de glacer le zèle?

A droite, au sein du groupe individualiste, quel superbe optimisme par moments! D'étape en étape, nous apprend-on, les sociétés humaines marchent vers des temps meilleurs, et les esprits chagrins, les sentimentalistes, qui se mettent en frais de pitié, peuvent se rassurer. Nous laisserons de côté la doctrine évolutionniste de Spencer que les souffrances actuelles de l'humanité résultent d'une adaptation défectueuse aux conditions d'existence, mais que cette adaptation se poursuit jour après jour, forcément, fatalement : « élimination progressive du mal », c'est-à-dire des maux de la vie. Les thèses des économistes purs peuvent suffire à nous tranquilliser.

Le jeu des forces naturelles, déclarent-ils, tend à rapprocher les conditions, à atténuer les inégalités entre les hommes. Les riches deviennent moins riches, les pauvres moins pauvres, le mouvement se poursuit même à notre insu et sans notre coopération. La question sociale se dénoue pour ainsi dire toute seule. Ce n'est pas que chacun de nous n'ait encore son petit rôle à jouer dans la transformation qui s'opère, mais la tâche qui nous incombe consiste essentiellement à garantir les droits de l'individu et à limiter l'État dans ses tentatives d'empiètement sur le domaine réservé à l'action privée. L'État, voilà le grand ennemi, et s'il n'est plus permis de parler irrévérencieusement de lui comme de l'État-ulcère, il est cependant du devoir de chacun de s'opposer à ses envahissements. Tout le programme à remplir a été résumé par Spencer avec qui les individualistes font ici chorus, dans le titre d'un de ses livres : l'*Individu contre l'État...*

Il mondo va da se, le monde va tout seul, s'écriait l'abbé Galiani, et à la vérité, nous sommes heureux de penser que, dans une certaine mesure, le spirituel écrivain énonçait une idée juste, en ce sens que le progrès général conspire effectivement à la solution des problèmes sociaux. Néanmoins, il ne faut pas pousser le goût pour la couleur rose jusqu'à en mettre partout et à rabrouer comme des esprits mal faits, sentimentaux et portés aux exagérations, ceux qui osent signaler encore des ombres dans la condition présente de l'humanité. Vous ne réaliserez que de faibles et insignifiantes améliorations, affirment les théoriciens optimistes ; c'est fort possible, mais à moins de quelque panacée qui ferait des miracles, il faut bien se contenter d'améliorations de détail. En résumé, l'état d'esprit que nous esquissons fait disparaître la notion claire et précise d'un devoir social.

Nous citerons quelques passages de M. Paul Leroy-Beaulieu, bien propres à faire voir le danger qui nous occupe. L'éminent professeur du Collège de France est un des hommes qui tiennent le plus de place dans les discussions économiques de notre temps; on ne saurait lui refuser le courage de ses opinions, et il n'est point rare que, dans les controverses actuelles, il défende des idées justes, fécondes, progressistes, et que nous devons lui être reconnaissants de soutenir avec tant d'éclat. Si nous relevons dans son œuvre des côtés fâcheux, on comprendra que ce n'est pas par un malin plaisir, mais parce que l'erreur, surtout quand elle tombe de haut, doit être signalée.

Nous nous adresserons d'abord à l'*Essai sur la répartition des richesses* dont on pourrait tirer facilement la matière d'une petite brochure de choses, sinon toujours aussi fortes, du moins dans la même note que les deux morceaux suivants :

« La sentimentalité, très excusable en soi, mais guide d'erreur, a faussé le jugement de beaucoup d'écrivains. Il est inexact que l'industrie engendre fatalement le paupérisme. L'indigence est un fléau dont on a singulièrement grossi l'importance : 3, 4 ou 5 individus pour cent en sont frappés dans les sociétés les plus avancées en civilisation. Qu'est-ce que cette proportion par comparaison à celle des êtres humains qui sont atteints d'infirmités, de maladies incurables ou organiques, comme la scrofule, la phthisie? Qu'est-ce surtout en comparaison avec le nombre plus grand encore des hommes qui sont tourmentés de cuisantes douleurs morales? Certes, l'indigence est un mal; mais, pour un esprit réfléchi, c'est encore un des moins étendus qui frappent les sociétés civilisées (3ᵉ éd., p. 431) ». Et ailleurs :

« Le travailleur manuel va devenir le favori de la civilisation. Sa rémunération réelle s'accroît et s'accroîtra, même en tenant compte du renchérissement de certains objets; ses loisirs s'élargissent, la sécurité de sa vieillesse augmente. Toutes les situations acquises se dépriment au-dessus et autour de lui; la sienne seule grandit (p. 550) ».

On voit que nous n'en sommes plus à la philosophie de cette reine qui sortait d'embarras tous les ouvriers en leur conseillant de manger du pain et du fromage. Les travailleurs ne sont plus à plaindre : aussi la réglementation du travail poussée un peu loin est-elle décidément une invention « des philanthropes, des hygiénistes, des spécialistes sentimentaux. »

« Il me semble, écrit l'auteur de l'*État moderne* (p. 332) que l'on calomnie un peu les usines modernes, celles qu'on élève depuis un quart de siècle. Elles n'ont, pour la plupart, ni l'insalubrité, ni l'aspect sordide dont on nous parle... Dans toutes les attaques contre le régime manufacturier, il y a beaucoup de préjugés et de conventions : on se rappelle vaguement les informes et étroites fabriques d'autrefois. ».

Avant d'aller plus loin, qu'on nous permette un rapprochement, par manière de parenthèse. Nous nous rappelons, de notre regretté et excellent maître Henri Dameth, professeur à l'Académie, aujourd'hui Université de Genève, une page que nous voudrions citer. Elle fera voir que c'est moins aux individualistes que nous devons nous en prendre qu'à l'individualisme :

« Peut-être », écrivait l'auteur de la *Question sociale* (page 62) « dans notre démocratie, l'existence du salarié, que son travail met à l'abri des privations, est-elle la meilleure de toutes, au point de vue de l'indépendance morale. Les chefs d'entreprise sont continuellement absorbés par la préoccupation du résultat final et par la responsabilité écrasante qui pèse sur eux. De là, horizon restreint pour leur pensée et disposition au conservatisme à outrance. Le salarié jouit de plus de liberté d'esprit. C'est l'homme du progrès, le chercheur dévoué du mieux. La plupart des inventions industrielles furent dues à de simples artisans, la plupart des sublimes découvertes procèdent de pauvres ouvriers de la science.

Leur intelligence est ouverte; leur cœur est pur. Ils ne songent guère au lucre ; ils ne spéculent pas : ils pensent, ils devinent, ils créent. Heureux, autrefois, quand un surcroît de misère et de mépris n'était pas à peu près leur seule rémunération. Il n'en sera plus ainsi dans l'avenir : l'ouvrier de génie pourra naître pauvre, mais il vieillira riche. »

Quelle idylle ! Il ne reste plus qu'à prier les salariés de bien vouloir changer de place avec le chef d'entreprise.

Faut-il s'étonner, maintenant, que les économistes si satisfaits de l'ordre de choses actuel dénoncent avec la dernière sévérité ces esprits chagrins auxquels on entend dire que le monde va mal et qui osent parler de réformes à effectuer avec l'aide de l'État? Écoutons encore M. Paul Leroy-Baulieu : une page suffira, non cependant que les morceaux du même genre soient rares :

« Le socialisme d'État, le socialisme de la chaire, le socialisme chrétien, toutes ces variétés inconscientes ou hypocrites du socialisme pur et simple, tous ces complices ou ces précurseurs du collectivisme, doivent être combattus résolument, sans défaillance, par tous ceux qui tiennent à la civilisation... (Préface à la satire d'E. Richter : *Où mène le socialisme?* trad. Villard, p. VII). »

Nous nous étions déjà expliqué sur la valeur de ces procédés de polémique qui consistent à représenter comme des concessions à des doctrines dangereuses ce qui pourrait bien n'être, en définitive, que des concessions à la justice et au bon droit; mais il n'y avait pas de mal d'y revenir.

C'est un grand tort d'abuser des épouvantails. On se rappelle l'histoire du berger qui s'amusait à crier : Au loup ! à tout propos, et que l'on cessa de prendre au sérieux, en sorte qu'il se trouva seul le jour où la terrible bête vint à se jeter sur son troupeau. Dans le cas qui nous occupe, à qui fera-t-on croire que les socialistes pacifiques qui n'ont le socialiste que le nom, et que l'on aurait dû désigner tout autrement, sont frères des collectivistes? A ce compte, le prince de Bismarck, en patronant les entreprises de socialisme d'État telles que les assurances ouvrières, qu'il appelait du « christianisme sans phrases » aurait fait le jeu des révolutionnaires de la démocratie sociale ! Nous croyons pourtant que rien n'a été plus funeste au collectivisme que l'effort accompli pour réaliser dans la mesure du possible les idées saines de son programme, et lorsque les socialistes du congrès de Berlin (1892) déclaraient « le socialisme d'État et la démocratie sociale absolument incompatibles » nous ne supposons pourtant pas qu'ils aient voulu jouer la comédie.

On reproche volontiers aux individualistes leur quiétude ; ils sont taxés souvent d'égoïstes et de sans cœur. Nous répudions, pour notre part, cette condamnation en bloc, car les hommes ne donnent pas leur juste mesure dans les doctrines qu'ils professent et valent souvent moins, souvent aussi plus que les articles de leur *credo ;* nous nous expliquons cependant les jugements sévères portés sur les représentants de la science économique. L'école qui tient encore le haut du pavé dans les pays de langue française et dans quelques autres contrées est essentiellement négative. Elle se borne à enregistrer les faits accomplis et condamne toute innovation. Reviser ou perfectionner les arrangements sociaux, œuvre toute humaine pourtant, dès lors faillible, mais y songez-vous ! Elle est la Cassandre actuelle, et pourtant, c'est admirable de voir comment elle se réconcilie avec l'événement. Ah ! ce n'était que cela ! Mais il fallait le dire !... Et la sombre prophétesse de reprendre tout aussitôt un air serein en voyant que le ciel ne s'est pas écroulé.

Il n'y aurait chez elle qu'immobilisme que ce serait déjà grave, mais il lui arrive encore de flatter les passions humaines et d'endormir la conscience. Et comment en serait-il autrement? Convaincue comme elle l'est de l'excellence des lois dites naturelles, elle est tenue de se démontrer à elle-même que le bien n'est pas seulement ce que nous tenons pour bon, mais encore ce qui nous avait d'abord paru mal.

Un exemple. Nous avons déjà rencontré le dualisme de l'avarice et de la prodigalité. Eh bien, les économistes classiques trouvent moyen de vanter tour à tour l'une et l'autre, après les avoir, il est vrai, occasionnellement combattues, en sorte que le lecteur ne sait à quoi s'en tenir. Certes, l'avare peut être utile, puisque son argent travaille et s'associe souvent à des entreprises profitables, sinon à son entourage, du moins à la société en général ; nous ne contestons pas davantage que, par ses dépenses, le prodigue n'augmente parfois le bien-être de gens intéressants, mais ce *satisfecit* donné à la ladrerie et au luxe insolent ou bête jure avec le sens moral.

***

Après l'individualisme, le socialisme au sens propre et original du terme. Nous lui passons ses critiques exa-gérées de l'ordre de choses actuel, car, à tout prendre, nous nous sentons à cet égard plus rapproché de lui que de l'optimisme individualiste. Nous n'en déplorons pas moins ses exagérations et les emballements incon-scients ou voulus de certains agitateurs.

Le grief principal que nous nourrissons à l'endroit de nombre de socialistes d'avant-garde c'est d'être, à des de-grés divers, des « impossibilistes » systématiques, et de se complaire dans ce rôle. Il leur conviendrait de bien vou-loir s'intéresser à des réformes pratiques, pouvant être prises au sérieux, qu'ils provoqueraient des mouvements d'opinion considérables et feraient un bien immense. Il y a, par exemple, tout ce grand côté de l'hygiène publi-que qui intéresse sans doute tout le monde, mais les classes laborieuses plus que personne, car il y aurait un profit capital pour elles à vivre dans des localités bien canalisées, dans des rues suffisamment larges, que le soleil visiterait plus souvent que le médecin, et dans des logements d'où les causes manifestes d'insalubrité fus-sent exclues. Les hommes qui ont l'oreille des masses populaires n'auraient souvent qu'à lever le doigt pour obliger les plus retardataires, gouvernants et particu-liers, à marcher avec eux; mais ces questions auront-elles le don de les intéresser? Voici encore la coopération distributive, les magasins coopératifs, avec leurs promesses absolument certaines; hélas! ces choses-là ne les touchent pas toujours : simple question d'épicerie, évidemment !

Vous pensez peut-être que les problèmes relatifs à l'éducation populaire, qui renferment des germes de transformation sociale à rendre l'espoir aux esprits les plus découragés, vont les trouver plus remplis de zèle et d'initiative. Erreur ! Encore une fois, ce n'est pas dans cette direction qu'ils regardent ni qu'ils travaillent. Pour un qui écoutera et cherchera à comprendre quelle pourrait être la signification de réformes de ce genre, il en est cent qui resteront froids et distraits. Ce qu'il leur faut c'est l'impossible et, par leur prédilection marquée pour les utopies, ils prêtent un crédit immense aux apologistes du *statu quo*. Donnez-leur un certain pouvoir en politique ou dans l'administration publique, ils se chargeront de démontrer jusqu'à la dernière évidence que, s'ils étaient les maîtres, ils jetteraient des populations entières dans les aventures les plus folles, tant ils dédaignent l'équilibre budgétaire, tant ils adorent de jeter l'argent par toutes les fenêtres et de faire adorer l'État, en leur personne, comme le père nourricier de tous les citoyens.

Reconnaissons toutefois le service que les socialistes de l'extrême gauche ont rendu à la science sociale. Ils ont détrôné l'économie politique classique de la position privilégiée que cette dernière avait réussi à prendre, en se donnant comme la régulatrice suprême des questions sociales. Ils l'ont forcée à sortir de son rôle essentiellement théorique (nous allions dire contemplatif), car on sait qu'elle s'imagina pendant longtemps que sa mission se bornait à rendre compte de la marche du monde des intérêts. Le journal *Le Temps*, de Paris, exprimait dans une charmante boutade, la vérité que nous relevons en cet instant : « L'économie politique, écrivait-il, était jusqu'ici une occupation plutôt calmante, mais les socialistes ont changé tout cela. »

CONCLUSION.

Le moment est venu de conclure. Descartes a écrit le *Discours sur la méthode*, et les principes directeurs posés dans ces pages avec une si grande rigueur de dialectique ont fini par s'imposer à tous ceux qui se lancent dans le champ de la philosophie. Les investigateurs qui se flatteraient de pouvoir se soustraire à cette sorte de discipline mentale se condamnent d'avance à n'obtenir aucune attention auprès de l'élite des esprits.

De même, en ce qui touche les sciences physiques et naturelles, une révolution profonde s'est opérée au seuil de ce siècle, dans la manière de procéder. Un savant qui en reviendrait aux célèbres entités de jadis, qui soutiendrait que la nature a horreur du vide ou que le pavot possède une vertu dormitive, ne recueillerait que le rire. Cette orientation nouvelle a, on peut l'affirmer, créé un abîme entre la science d'autrefois et la science actuelle. La différence est même si profonde que nous nous garderions bien de mettre entre les mains de la jeunesse des livres trop vieux, de peur de lui inculquer des notions fausses.

Dans les deux cas qui nous occupent, la science moderne a pris naissance le jour où l'*a priori* a fait place à l'*a posteriori*.

La science sociale est en retard sur les autres branches du savoir humain. Elle attend encore la rénovation qui la placera sur le roc solide des faits et de l'observation. Elle n'est pas la lumière qu'elle devrait être; elle fait défection au moment où le besoin de son concours est le plus vivement senti, car partout de grands problèmes se posent : ils ne sauraient se résoudre d'une manière satisfaisante que si des hommes spéciaux, ne poursuivant que des buts désintéressés, les abordent avec l'impartialité et la compétence scientifiques nécessaires. Où est le Descartes, où est le Lavoisier qui lancera les études sociologiques dans les voies nouvelles?

Il y a quelqu'un, dit la sagesse des nations, qui a plus d'esprit que Voltaire, c'est tout le monde. Ce qu'aucun homme en particulier n'a fait, la grande masse des hommes, instruits et qui réfléchissent, pourra le mener à bien. Ils n'auront pour cela qu'à s'inspirer des principes qui règnent dans les autres disciplines du savoir humain, qu'à se conformer aux règles universelles de la raison. D'abord la cueillette des faits matériels ou moraux, puis l'apparition des lois chargées de les coordonner, puis la vérification de ces lois et leur adaptation de plus en plus complète aux faits.

Il y a lieu de croire que la transformation attendue ne tardera plus bien longtemps et, parmi les signes précurseurs de cette évolution, nous n'en voyons pas de plus significatif que le spectacle de tous ces essaims de chercheurs qui rompent avec les grandes écoles, seules jusqu'ici en présence, et se fraient leur voie d'une manière indépendante. Ces hommes remplissent tout l'intervalle entre les doctrines extrêmes. La mauvaise humeur a été souvent très vive contre eux : on les accusait de condescendance pour les opinions avancées, de latitudinarisme... C'étaient des précurseurs! A cette heure, les hommes qui ne veulent ni de l'individualisme pur ni du socialisme niveleur et irréalisable sont légion. Moins peut-être en France qu'ailleurs, pour différentes raisons que nous n'avons pas à rechercher en ce moment; et cependant en ce pays qui, en matière économique, souffre de son excessive centralisation et de la tyrannie de la doctrine officielle, laquelle rend la vie dure et les honneurs difficiles aux esprits capables d'indépendance, nous pouvons saluer déjà bien des irréguliers échappés à l'enrégimentation : les deux groupes de disciples du noble Le Play, M. Charles Gide, le vaillant professeur et publiciste de Montpellier, M. Paul Cauwès, professeur à Paris, et nombre d'autres savants et plus encore d'hommes mêlés soit au maniement des affaires publiques, soit aux grands intérêts moraux et matériels, et qui se sont élargis sous la double poussée des besoins et des idées de notre temps.

Et puis, ce qui n'est ni moins caractéristique ni moins réjouissant, c'est ce phénomène universel, l'avènement de l'esprit sociologique. La science sociale intégrale apparaît comme le dernier aboutissement, le confluent d'un grand nombre de sciences voisines et dont pas une, pas plus l'économie politique que telle ou telle de ses sœurs, ne saurait s'ingérer de résoudre, à elle seule, les problèmes complexes touchant aux plus graves préoccupations de ce temps-ci. Les questions sociales cessent de plus en plus d'être abordées par un seul côté. Ce sous-titre : « étude sociologique, » qui devient à la mode, contient toute une révélation. Une preuve récente et bien frappante aussi de la tendance que nous signalons, d'un esprit sociologique de plus en plus accusé, nous était fournie par les journaux suisses de ces derniers mois dans lesquels nous avons trouvé l'entrefilet suivant : Zurich, 21 janvier 1895 : « L'assemblée des sociologistes catholiques suisses a exprimé le vœu que l'on ouvrît l'automne prochain un cours pratique de sociologie à l'université de Fribourg. »

Nous osons l'affirmer, l'orientation en économie sociale se dessine. Parlant de M. Molinari qui, de son point de vue ultra-individualiste, refuse d'adhérer à l'expropriation pour cause d'utilité publique, M. Paul Leroy-Beaulieu qualifie quelque part de curiosité doctrinale l'intransigeance de son très distingué et laborieux confrère. Nous sommes de ceux qui pensent que les curiosités doctrinales ont trop duré, et qu'il est temps de faire place à la vérité objective.

Que les hommes qui s'occupent d'économie sociale se transportent sur un terrain où tous les travailleurs de sens droit, voulant le bien et ne résistant jamais à l'argument du fait, pourront les suivre, et l'économie sociale ne sera pas loin de ressaisir son ascendant.

TABLE DES MATIÈRES.

FIN DE LA TABLE DES MATIÈRES.

ERRATA

P. *37, lig. 24*, le haussement, *au lieu de* l'exhaussement.

P. *51, lig. 12*, un néo-collectivisme, *au lieu de* un collectivisme.

BAR-LE-DUC. — IMPRIMERIE CONTANT-LAGUERRE.

www.ingramcontent.com/pod-product-compliance
Ingram Content Group UK Ltd.
Pitfield, Milton Keynes, MK11 3LW, UK
UKHW021016140726
13695UKWH00001B/286